3.-6. Schuljahr

Birgit Brandenburg

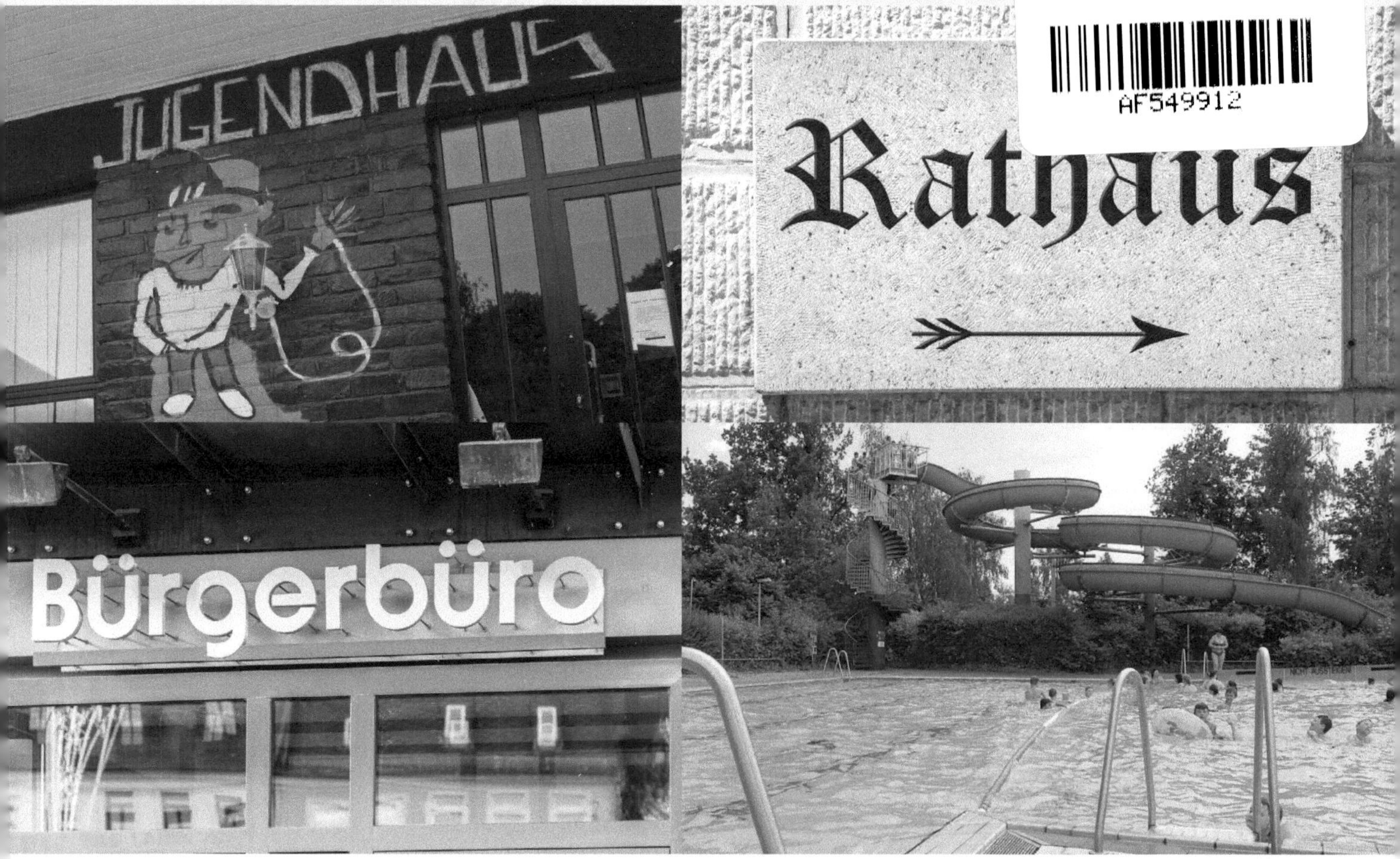

Lernwerkstatt Bürgermeister & Co.

- Demokratie vor Ort
- Wie eine Gemeinde oder Stadt aufgebaut ist

www.kohlverlag.de

Lernwerkstatt BÜRGERMEISTER & Co.

Demokratie vor Ort

4. Auflage 2025

Inhalt: Birgit Brandenburg
Coverbilder: © Thomas Reimer, T9T Media Productions & animaflora - fotolia.com; Pastorius - wikimedia commons
Redaktion: Kohl-Verlag
Grafik & Satz: Eva-Maria Noack & Kohl-Verlag
Druck: Elanders Druck, Waiblingen

Bestell-Nr. 12 070

ISBN: 978-3-96040-230-5

Bildnachweis:

auf allen Seiten: © Thomas Reimer - AdobeStock.com, **Seite 5**: © Matthias Enter - AdobeStock.com, **Seite 6**: © Trueffelpix - AdobeStock.com, © StingerMKO - AdobeStock.com, **Seite 8**: © Yulia Buchatskaya - AdobeStock.com, © Angelaravaioli - AdobeStock.com, **Seite 10**: © Christian Schwier - AdobeStock, © Angelaravaioli - AdobeStock.com, **Seite 11**: © Matthias Enter - AdobeStock.com, **Seite 12**: © Wolfisch - AdobeStock.com, **Seite 13**: © Matthias Enter - AdobeStock.com, © Angelaravaioli - AdobeStock, **Seite 14**: © Jörg Lantelme - AdobeStock, **Seite 15**: © wikimedia.org, © DeanMartin - AdobeStock, **Seite 16**: © eyetronic - AdobeStock.com, **Seite 17**: © Fotokon - AdobeStock.com, © Radek - AdobeStock, **Seite 18**: © Carl-Jürgen Bautsch - AdobeStock, **Seite 19**: © Piumadaquila - AdobeStock, **Seite 20**: © Sauerlandpics - AdobeStock, **Seite 21**: © trahko - AdobeStock, **Seite 22**: © sester1848 - AdobeStock, © Waler - AdobeStock, © bahram7 - AdobeStock, **Seite 23**: © Angelaravaioli - AdobeStock, **Seite 24**: © animaflora - AdobeStock.com, © Matthias Enter - AdobeStock.com, **Seite 25**: © clipart.com, **Seite 26**: © Dan Race - AdobeStock, **Seite 27**: © artistdesign.de - AdobeStock, **Seite 29**: © Pastorius - wikimedia.org, **Seite 30**: © Angelaravaioli - AdobeStock, **Seite 31**: © Gabriele Rohde - AdobeStock.com, © clipart.com, **Seite 32**: © Alexey Bannykh - AdobeStock.com, **Seite 33**: © Petro Feketa - AdobeStock.com, **Seite 34**: © blende11.photo - AdobeStock.com, © UbjsP - AdobeStock.com, © pusteflower9042 - AdobeStock.com, © meseberg - AdobeStock.com, **Seite 35**: © clipart.com, **Seite 38**: © artistdesign.de - AdobeStock, **Seite 41**: © winterbilder - AdobeStock.com

Kontakt: Kohl-Verlag, An der Brennerei 37-45, 50170 Kerpen
Tel: +49 2275 331610, Mail: info@kohlverlag.de

Der vorliegende Band ist eine Print-Einzellizenz

Sie wollen unsere Kopiervorlagen auch digital nutzen? Kein Problem – fast das gesamte KOHL-Sortiment ist auch sofort als PDF-Download erhältlich! Wir haben verschiedene Lizenzmodelle zur Auswahl:

	Print-Version	PDF-Einzellizenz	PDF-Schullizenz	Kombipaket Print & PDF-Einzellizenz	Kombipaket Print & PDF-Schullizenz
Unbefristete Nutzung der Materialien	x	x	x	x	x
Vervielfältigung, Weitergabe und Einsatz der Materialien im eigenen Unterricht	x	x	x	x	x
Nutzung der Materialien durch alle Lehrkräfte des Kollegiums an der lizensierten Schule			x		x
Einstellen des Materials im Intranet oder Schulserver der Institution			x		x

Die erweiterten Lizenzmodelle zu diesem Titel sind jederzeit im Online-Shop unter www.kohlverlag.de erhältlich.

Inhaltsverzeichnis

Seiten

Sehr geehrte Kolleginnen und Kollegen,

dieser Band „Bürgermeister & Co." soll Ihnen ein wenig Ihre alltägliche Arbeit erleichtern. Dabei war es uns besonders wichtig, Kapitel zu kreieren, die möglichst schüler- und handlungsorientiert sind und mehrere Lerneingangskanäle ansprechen. Denn nur so kann das Wissen langfristig gespeichert und auch wieder abgerufen werden. Die Reihenfolge der Kapitel orientiert sich nicht an einer chronologischen Reihenfolge, sondern greift wichtige Aspekte der Politik heraus. So können sich die Schüler* politisches Hintergrundwissen verdeutlichen und in ihrem individuellen Arbeits- und Lerntempo die einzelnen Aufgaben bearbeiten. Die Materialien eignen sich auch hervorragend für die Selbstlernzeit oder als Ausgangspunkt für Gruppendiskussionen.

Die einzelnen Kapitel sind mit Fragen als Titeln versehen, eine chronologische Bearbeitung ist nicht nötig. Jeder Schüler kann selbst entscheiden, welches Kapitel er bearbeiten möchte. Die Aufgaben können in Einzel-, Partner- oder Kleingruppenarbeit erarbeitet werden, je nach Vorliebe der Lehrperson bzw. der Klasse.

Viel Freude beim Einsatz der Materialien wünscht Ihnen das Team des Kohl-Verlages und

Birgit Brandenburg

**Aufgrund der besseren Lesbarkeit wird im Folgenden die männliche Form Schüler bzw. Lehrer verwendet. Gemeint sind damit selbstverständlich auch die weiblichen Personen.*

Bedeutung der Symbole:

Einzelarbeit

Partnerarbeit

Schreibe ins Heft/ in deinen Ordner

Arbeiten mit der ganzen Gruppe

Arbeiten in kleinen Gruppen

1 Was ist eine Demokratie?

EA

Aufgabe 1: *Fülle die Lücken mit den passenden Wörtern.*

Macht • Bürger • Ordnung • ungerecht • Idee • Wahlen • König • Staat • Jahre • Recht

Das Wort **Demokratie** kommt aus dem Griechischen und bedeutet **Volksherrschaft**. In jedem Staat gibt es eine ________________ , die festlegt, wer in diesem ______________ bestimmen darf. Wer also zum Beispiel bestimmen darf, an welche Gesetze sich alle halten müssen. Wer das Sagen in einer Demokratie haben soll, darüber bestimmen die ________________ des Volkes in ________________ .

Wer hat´s erfunden?

Die ________________ der Volksherrschaft, also der Demokratie, ist schon über 2000 ________________ alt. Kluge Menschen im antiken Griechenland haben sich diese Staatsordnung im 6. Jahrhundert v. Chr. ausgedacht. Sie fanden es sehr ____________ , dass immer nur einer, wie zum Beispiel ein ________________ oder Kaiser, die Macht in einem Staat haben soll. Ihre Idee damals war, dass jeder Bürger in einem Staat das ________________ haben muss, mitzubestimmen, was in seinem Land passiert. Jeder Bürger sollte also ein Stück ______________ bekommen.

Es ist gut für uns, dass wir in Deutschland in einer Demokratie leben, weil wir unsere Meinung frei äußern und unser Leben selbst bestimmen dürfen. Wenn aber jeder das machen würde, was er gerade möchte, würde ein großes Durcheinander entstehen. Das wäre etwa so, als wenn es im Straßenverkehr keine Regeln gäbe. Es würde drunter und drüber gehen.
Damit das nicht passiert, gibt es Gesetze, die das friedliche Zusammenleben in einer Demokratie regeln und erleichtern. Sie legen fest, welche Pflichten und Rechte jeder von uns hat.

PA

Aufgabe 2: *Setze dich mit einem Partner zusammen und schreibt ein Gesetz, wann die Hausaufgaben zu Hause zu machen sind.*
Die Tipps könnten euch helfen. Schreibt auf ein Schreibblatt.

- Titel des Gesetzes und kurze Erklärung, worum es in dem Gesetz geht.
- Warum man das Gesetz braucht und ab wann es gelten soll.
- Genau angeben, wer von dem Gesetz betroffen ist.
- Klären, was unter den Begriff Hausaufgaben fällt.
- Beschreiben, welche Ausnahmen es gibt, das Gesetz nicht einzuhalten.
- Klären, für wen das Gesetz nicht gelten soll.
- Beschreiben, welche Strafen es gibt, wenn das Gesetz nicht eingehalten wird.
- Das Gesetz beurkunden durch eure Unterschriften.

Lernwerkstatt BÜRGERMEISTER & Co
Demokratie vor Ort – Bestell-Nr. 12 070
KOHL VERLAG

2 Was bedeutet „Bundesrepublik Deutschland"?

Bundesrepublik Deutschland ist die amtliche Bezeichnung für unser Land. Gegründet wurde unser Staat am **23. Mai 1949**, da an dem Tag unser Grundgesetz verkündet wurde.
Im Grundgesetz wurde festgelegt, dass die Bundesrepublik Deutschland ein **demokratischer und sozialer Bundesstaat** sein soll.
Das bedeutet, dass unser Staat eine **demokratische Staatsform** haben muss (siehe „Demokratie" auf Seite 5). Als **sozialer Bundesstaat** haben wir uns verpflichtet, Menschen in Not zu helfen. Das bedeutet: Wenn der Staat ihnen hilft, helfen wir dadurch allen.
Deutschland nennt sich **Bundesstaat**, weil sich in unserem Land viele Bundesländer zu einem Bund zusammengeschlossen haben. Die Bundesrepublik Deutschland besteht aus **16 Bundesländern**.

EA

Aufgabe 1: *Suche die 16 Bundesländer auf einer Karte und trage sie in die Zeichnung ein.*

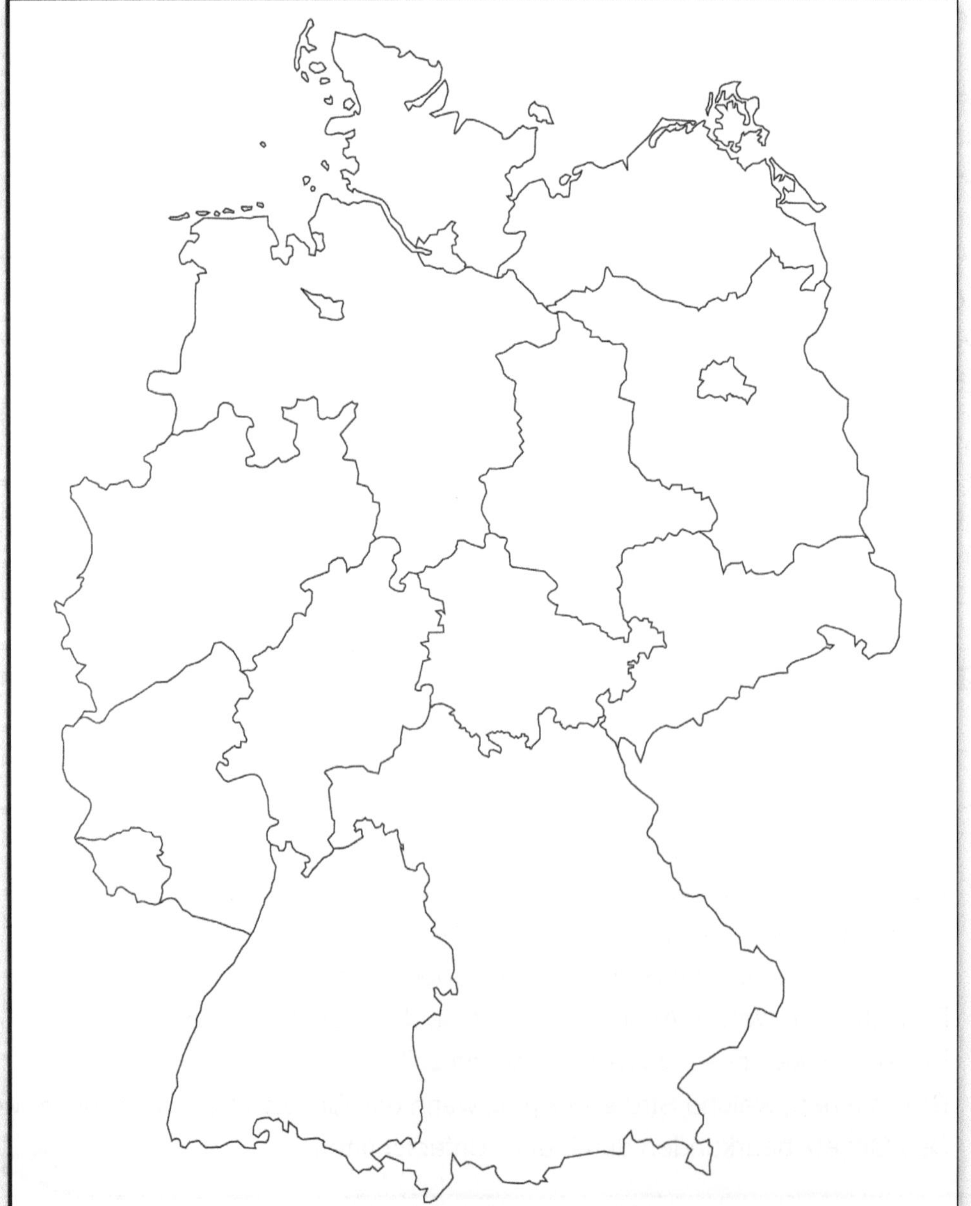

3 Was ist ein Bundesland?

Deutschland besteht aus **16 Bundesländern**. Von der Fläche her ist Bayern das größte. Nordrhein-Westfalen hat die meisten Einwohner. Es gibt aber auch drei Städte, die gleichzeitig auch Bundesländer sind: Berlin, Hamburg und Bremen. Man nennt sie Stadtstaaten. Die anderen 13 Bundeländer bezeichnen sich als Land, z.B. das Land Hessen oder das Land Baden-Württemberg.
Jedes Bundesland wird durch ein eigenes Parlament regiert. Das Parlament nennt man **Landtag** oder bei den Stadtstaaten auch Senat. Der Chef des Landtags ist der **Ministerpräsident**.
Jeder Bürger in Deutschland muss Steuern an die Bundesrepublik Deutschland zahlen. Die Steuern fallen dann allen Bürgern wieder zu, zum Beispiel für den Bau von Autobahnen oder auch für unsere Sicherheit. Sie kommen also allen zugute.
Aber von den Steuern bekommen die Bundesländer auch etwas ab. Wie sie dann das Geld für ihr Land verteilen, bestimmen die Parlamente selbst. Davon bezahlen sie z.B. ihre Polizei, Lehrer, Schulen oder den Straßenbau.

EA

Aufgabe 1: *Stelle dir vor, du bist ins Parlament deines Bundeslandes gewählt worden. Die Bundesregierung hat deinem Bundesland 5 Millionen Euro von den Steuern überwiesen. Im Parlament darfst du mitbestimmen, wofür das Geld verwendet wird. Notiere fünf Beispiele dafür.*

1. ______________________________
2. ______________________________
3. ______________________________
4. ______________________________
5. ______________________________

Die **Hauptstadt** der Bundesrepublik Deutschland ist **Berlin**. Aber auch jedes Bundesland hat seine eigene Hauptstadt. Davon ausgenommen sind die drei Stadtstaaten Hamburg, Bremen und Berlin. In den Hauptstädten der Bundesländer befinden sich die Landesregierungen.

EA

Aufgabe 2: *Suche die passende Hauptstadt zu jedem Bundesland auf einer Karte und notiere sie.*

Bundesland	Hauptstadt	Bundesland	Hauptstadt
Schleswig-Holstein		Baden-Württemberg	
Niedersachsen		Bayern	
Nordrhein-Westfalen		Thüringen	
Hessen		Sachsen	
Rheinland-Pfalz		Sachsen-Anhalt	
Saarland		Brandenburg	
Mecklenburg-Vorpommern			

Lernwerkstatt BÜRGERMEISTER & Co
Demokratie vor Ort – Bestell-Nr. 12 070

4 Welche Großstädte gibt es in Deutschland?

Berlin ist die **Hauptstadt** der **Bundesrepublik Deutschland**. Mit etwa 3,5 Millionen Einwohnern ist Berlin die größte Stadt Deutschlands. Der Deutsche Bundestag, die deutsche Bundesregierung und der Deutsche Bundesrat haben dort ihren Sitz.

Berlin wurde 1237 gegründet. Nach der Gründung des Deutschen Kaiserreichs 1871 wurde es deutsche Hauptstadt. Die Stadt breitete sich damals schnell aus, weil viele Fabriken errichtet wurden und deshalb auch immer mehr Menschen zum Arbeiten und Leben in die Stadt zogen. Damit die Menschen schneller zur Arbeit kamen, wurden in Berlin damals die ersten S- und U-Bahnen in Deutschland gebaut.

Berlin blieb Hauptstadt bis zum Ende des 2. Weltkriegs. Nach dem 2. Weltkrieg wurde Berlin von den Siegermächten USA, Sowjetunion, England und Frankreich in vier Zonen aufgeteilt. Die Stadt Bonn wurde Regierungssitz der Bundesrepublik. Nach der Wiedervereinigung Deutschlands im Jahre 1990 wurde Berlin wieder Hauptstadt der Bundesrepublik.

Aufgabe 1: *Schreibe in dein Heft, um welche Gebäude es sich in Berlin handelt.*

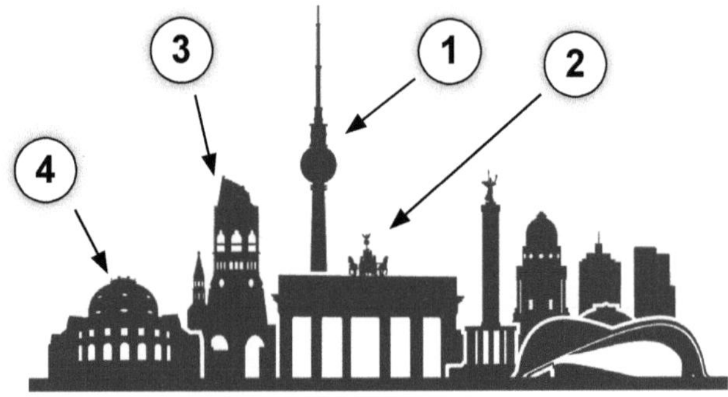

Aufgabe 2: *Ordne die zehn Großstädte nach ihrer Einwohnerzahl. Beginne mit der größten Stadt. Trage das Bundesland ein, in dem die Stadt liegt.*

Düsseldorf 0,58 Mio. • Berlin 3,5 Mio. • Köln 1,0 Mio. • Bremen 0,55 Mio. • Essen 0,57 Mio. • Hamburg 1,8 Mio. • Dortmund 0,58 Mio. • München 1,4 Mio. • Frankfurt/Main 0,68 Mio. • Stuttgart 0,61 Mio.

	Stadt	Einwohner	Bundesland
1			
2			
3			
4			
5			
6			
7			
8			
9			
10			

Lernwerkstatt BÜRGERMEISTER & Co
Demokratie vor Ort – Bestell-Nr. 12 070

5 Was ist der Stadt- und Gemeinderat?

EA

Aufgabe 1: *Fülle die Lücken mit den passenden Wörtern.*

Beruf • Sitzungen • Bürger • Parteien • Chef • Abständen • Mitglieder • regiert

Wenn in den Städten und Gemeinden in Deutschland Entscheidungen getroffen werden, dann müssen daran auch die ______________ beteiligt sein. Da nicht alle Bürger immer gefragt werden können, gibt es auch in den Städten und Gemeinden **Parlamente**. Das sind die **Gemeinde- oder Stadträte**. In bestimmten ___________ findet die Kommunalwahl statt. Dann werden die Mitglieder der Stadt- und Gemeinderäte von den Bürgern in geheimer Wahl gewählt. In diesen Räten sind die politischen ______________ der Stadt oder Gemeinde vertreten. ______________ des **Stadt- oder Gemeinderates** ist der **Oberbürgermeister** oder **Bürgermeister**. Ob eine Stadt von einem Bürgermeister oder Oberbürgermeister ______________ wird, richtet sich nach ihrer Größe. Die Stadträte kommen zu regelmäßigen ______________ zusammen und bestimmen mit, ob zum Beispiel eine neue Straße gebaut werden soll. Die einzelnen ______________ der Gemeindeparlamente werden als Stadtrat oder Gemeinderat bezeichnet. Sie üben das Amt im Stadt- oder Gemeinderat neben ihrem ______________ ehrenamtlich aus.

EA

Aufgabe 2: *Beantworte die Fragen zu dem Text in vollständigen Sätzen.*

a) Wer muss an den Entscheidungen im Stadt- und Gemeinderat beteiligt werden?

____

b) Wer bestimmt, wenn die Bürger nicht ständig beteiligt werden können?

____

c) Wer wählt die Mitglieder der Städte- und Gemeinderäte?

____

d) Wie nennt man diese Wahlen?

____

e) Wie nennt man den Chef des Stadt- oder Gemeinderates?

____

f) Wie bezeichnet man die einzelnen Mitglieder eines Stadt- oder Gemeinderates?

____

g) Üben sie das Amt im Stadt- oder Gemeinderat hauptamtlich aus?

____

h) In kleinen Dörfern gibt es keinen Bürgermeister. Er nennt sich ...

____

i) Wonach richtet es sich, ob eine Stadt einen Oberbürgermeister oder Bürgermeister hat?

____

j) Als was bezeichnet man die Tätigkeit der Mitglieder des Stadt- und Gemeinderates?

____

Lernwerkstatt BÜRGERMEISTER & Co
Demokratie vor Ort – Bestell-Nr. 12 070

Rathaus

6 Wie entsteht ein Stadt- oder Gemeinderat?

Kann sich jeder Bürger einer Stadt oder Gemeinde zum Mitglied in den Stadt- oder Gemeinderat setzen? Natürlich nicht, denn für die Bildung des Rates gibt es Bestimmungen. Diese Regeln sind die **Kommunalwahlen**.
Die Kommunalwahl findet alle **fünf Jahre** statt. Die politischen Parteien stellen ihre Kandidaten, die gewählt werden können, in einer Liste zusammen.

EA

Aufgabe 1: *Setze den passenden Begriff ein.*

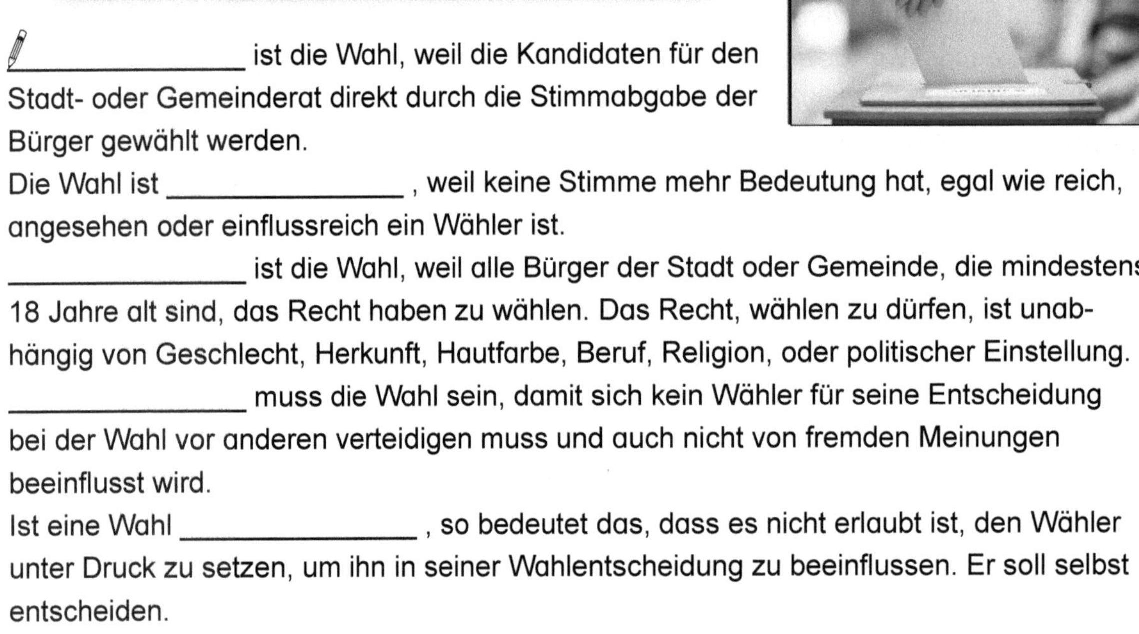

allgemein • unmittelbar • frei • gleich • geheim

_______________ ist die Wahl, weil die Kandidaten für den Stadt- oder Gemeinderat direkt durch die Stimmabgabe der Bürger gewählt werden.
Die Wahl ist _______________ , weil keine Stimme mehr Bedeutung hat, egal wie reich, angesehen oder einflussreich ein Wähler ist.
_______________ ist die Wahl, weil alle Bürger der Stadt oder Gemeinde, die mindestens 18 Jahre alt sind, das Recht haben zu wählen. Das Recht, wählen zu dürfen, ist unabhängig von Geschlecht, Herkunft, Hautfarbe, Beruf, Religion, oder politischer Einstellung.
_______________ muss die Wahl sein, damit sich kein Wähler für seine Entscheidung bei der Wahl vor anderen verteidigen muss und auch nicht von fremden Meinungen beeinflusst wird.
Ist eine Wahl _______________ , so bedeutet das, dass es nicht erlaubt ist, den Wähler unter Druck zu setzen, um ihn in seiner Wahlentscheidung zu beeinflussen. Er soll selbst entscheiden.

Wie wird man Bürgermeister?
Alle fünf bis acht Jahre (unterschiedlich je nach Bundesland) wird ein Bürgermeister in den Städten und Gemeinden gewählt. Der Bürgermeister ist nach seiner Wahl der Chef der Stadt- und Gemeindeverwaltung und des Rates.
Jeder Bürger kann Bürgermeister werden. Er kann von den politischen Parteien als Kandidat benannt werden oder in manchen Bundesländern wird er auch vom Stadt- oder Gemeinderat gewählt.

EA

Aufgabe 2: *Fülle die Schüttelwörter richtig in den Infotext. Schreibe ins Heft.*

Um ___ (ÜRBGERSTERIEM) zu werden musst du mindestens 21 ___ (HREAJ) alt und deutscher Staatsbürger sein. Damit du überhaupt ___ (HÄLWRE) findest, die dich auch wählen wollen, solltest du Angehöriger einer ___ (IEPRAT) sein oder genügend Unterschriften von Unterstützern haben. Du brauchst ein ___ (SESCHITIPOL) Programm, das deine Wähler gut finden. Du sagst mit deinem politischen Programm auch, welche ___ (DENUNGERÄNVER) du anstrebst oder was du gut oder ___ (TSCHECHL) findest im Ort oder in der ___ (DASTT), wo du Bürgermeister werden möchtest. Im Wahlkampf musst du dich mit deinen ___ (BETIMREWNERB) messen und, um gewählt zu werden, mehr Wähler für sich begeistern. Du musst dein Programm vorstellen, öffentliche ___ (TRITTAUFE) abhalten, ___ (KALTEPA) und Slogans haben. Nur mit einem ___ (TEGUN) Eindruck hast du die Chance, Bürgermeister zu werden.

Lernwerkstatt BÜRGERMEISTER & Co
Demokratie vor Ort – Bestell-Nr. 12 070
KOHL VERLAG

7 Was ist eine Fraktion und eine Koalition?

Nach der Kommunalwahl werden Fraktionen und auch Koalitionen für den Stadt- oder Gemeinderat gebildet.

EA

Aufgabe 1: *Setze die passenden Wörter in den Lückentext ein.*

Mitglieder • Beispiel • Politiker • Gruppe • Mehrheit • Ideen • Mitglieder

Was ist eine Fraktion in einem Stadt- oder Gemeinderat?

Eine **Fraktion** entsteht dann, wenn Politiker in einem Parlament wie dem Stadt- oder Gemeinderat eine ______________ gründen.
Die ______________ in einer Fraktion haben ähnliche politische ______________.
Meistens gehören sie derselben Partei an. Es gibt auch Fraktionen, in denen die ______________ zu verschiedenen Parteien gehören. Das ist zum ______________ bei den Parteien CDU und CSU so.
Bei Abstimmungen sollten die ______________ einer Fraktion sich möglichst alle gleich entscheiden. Von den Politikern wird also erwartet, dass sie das tun, was die ______________ der Fraktion vor der Abstimmung untereinander entschieden hat.

Was ist eine Koalition in einem Stadt- oder Gemeinderat?

Eine **Koalition** ist ein Bündnis von Parteien, die sich für einen bestimmten Zweck zusammengefunden haben. Meist wird ein solches Koalitionsbündnis nur für eine bestimmte Zeit vereinbart.
Das Bündnis geschieht meistens, wenn Parteien nach einer Wahl nicht genügend Stimmen bekommen haben, um alleine regieren zu können. Ein solches Bündnis hat dann die Mehrheit an Stimmen (mindestens 51%) im Stadt- und Gemeinderat und kann deshalb leichter Gesetze durchsetzen.

EA

Aufgabe 2: *Sieh dir das Ergebnis einer Kommunalwahl an. Welche verschiedenen Koalitionen als Bündnis, um die Mehrheit zu haben, sind möglich?*

41%	30%	25%	16%	11%	8%	8%
DFS	*DUP*	*MCC*	*DXV*	*BCX*	*LKW*	*KCC*

Notiere: ____

____

Rathaus

8 Wie arbeitet der Stadt- oder Gemeinderat?

Die Politiker im Stadt- oder Gemeinderat suchen gemeinsam nach Lösungen für Probleme, die alle Leute in der Stadt oder der Gemeinde angehen. Darüber dürfen sie auch entscheiden und neue Gesetze machen. Es ist klar geregelt, welche Aufgaben ein Stadt- oder Gemeinderat hat.
Der Stadt- oder Gemeinderat bestimmt, welche Straßen und Häuser gebaut werden dürfen. Er bestimmt, welche Reparaturarbeiten z.B. an Wasserleitungen gemacht werden müssen und welche Firma das erledigen soll.
In jedem Stadt- und Gemeinderat gibt es mehrere Mitglieder, die sich zum Beispiel mit Verkehr oder Bauen oder in anderen Bereichen gut auskennen. Der Rat bildet Ausschüsse (z.B. Bau- und Verkehrsausschuss), in denen diese Mitglieder sitzen. Wenn es in der Stadt oder Gemeinde ein bestimmtes Problem (z.B. ein Verkehrsproblem) gibt, muss dieser Ausschuss eine Lösung finden. Der Ausschuss macht dann dem Stadt- oder Gemeinderat einen Vorschlag zur Lösung des Problems, der dann darüber diskutieren und abstimmen kann.

EA

Aufgabe 1: *Beantworte die Fragen in vollständigen Sätzen.*

a) Wer sucht zuerst nach Problemlösungen?

____

b) Was ist für den Stadt- oder Gemeinderat klar geregelt?

____

c) Wer erarbeitet Vorschläge zur Problemlösung?

____

d) Wer diskutiert die Vorschläge anschließen?

____

e) Was passiert nach der Diskussion?

____

Du bist Mitglied im Umweltausschuss. In der Stadt gibt es die Bestimmung, dass kein Baum gefällt werden darf, der älter als 10 Jahre alt ist. Familie Helm will eine 20 Jahre alte Linde im Garten fällen. Der riesige Baum lässt nur wenig Licht in die Fenster. Die Helms haben die Beseitigung der Linde beim Umweltamt beantragt.

EA

Aufgabe 2: *Entscheide und verfasse ein Antwortschreiben.*

Sehr geehrte Familie Heim,

____

____

____

____

____

____

____

____

____

Mit freundlichen Grüßen

KOHL VERLAG
Lernwerkstatt BÜRGERMEISTER & Co
Demokratie vor Ort – Bestell-Nr. 12 070

9 Welche Regeln gibt es im Stadt- oder Gemeinderat?

EA

Aufgabe 1: *Setze die fehlenden Wörter sinnvoll ein.*

Fraktion • Ratsmitglieder • Chef • Tische • Protokolle • Plätze • Blick • Partei

Im **Ratssaal des Rathauses** stehen lange ______________. Für jedes Ratsmitglied gibt es einen eigenen Platz. Der Bürgermeister als ______________ des Stadt- oder Gemeinderates sitzt vorne hinter einem großen Tisch. So hat er alle Mitglieder des Rates im ______________. Daran erkennt man auch, wie wichtig er ist. Beim Bürgermeister sitzen die Protokollführer. Die schreiben ______________ über den Verlauf der Sitzung.

Die ________________ sitzen immer mit ihren Kollegen aus ihrer Partei zusammen. Statt Kollegen spricht man auch von Parteifreunden. Wo welche ______________ sitzt ist in einer Verordnung der Stadt festgelegt. Das nennt man Geschäftsordnung.

Welche festen ______________ die Mitglieder innerhalb der Partei haben, legt der Vorsitzende der Fraktion fest. Der Vorsitzende der ______________ hat immer den ersten Platz in der Nähe des Bürgermeisters.

EA

Aufgabe 2: *Schreibe den Text in der richtigen Groß- und Kleinschreibung ins Heft. Lies ihn anschließend noch einmal durch.*

RATSMITGLIEDER MÜSSEN SICH MELDEN, WENN SIE IM STADT- ODER GEMEINDERAT ETWAS SAGEN WOLLEN. IN GROSSEN STADTRÄTEN MIT VIELEN MITGLIEDERN MÜSSEN SIE SICH FÜR EINE REDE SOGAR SCHRIFTLICH ANMELDEN. WER IM STADT- ODER GEMEINDERAT ETWAS SAGEN MÖCHTE, MUSS WARTEN, BIS DER BÜRGERMEISTER IHN AUFRUFT UND IHM DAMIT „DAS WORT ERTEILT“. DANN GEHT ER NACH VORNE ANS REDNERPULT. ERST WENN DER REDNER AUSGEREDET HAT; DÜRFEN DIE ANDEREN RATSMITGLIEDER FRAGEN STELLEN.

WENN JEMAND DEN REDNER BESCHIMPFT ODER STÄNDIG DAZWISCHEN RUFT, KLINGELT DER BÜRGERMEISTER MIT EINER KLEINEN GLOCKE UND ERMAHNT IHN. HÖRT DER ABGEORDNETE TROTZDEM NICHT AUF, DANN DARF DER BÜRGERMEISTER IHN VOR DIE TÜR SCHICKEN.

EA

Aufgabe 3: *Was passiert, wenn ein Redner im Stadt- oder Gemeinderat einfach nicht aufhört zu reden und dabei auch andere beleidigt, obwohl man mehrfach versucht hat, ihn zu unterbrechen?*

____

____

____

____

Lernwerkstatt BÜRGERMEISTER & Co
Demokratie vor Ort – Bestell-Nr. 12 070

10 Welche Aufgaben hat Bürgermeister Siefermann?

Bürgermeister Siefermann ist der Chef der Stadt Gunzen und deren Bürger.
Gunzen ist eine große Stadt und deshalb bekommt Bürgermeister Siefermann ein Gehalt, sodass er keinen anderen Beruf braucht. Man sagt dann, dass er **hauptamtlich** als Bürgermeister arbeitet.
Bürgermeister Holler ist der Chef einer sehr kleinen Gemeinde. Er arbeitet **ehrenamtlich** und hat daneben seinen anderen bezahlten Beruf.
Bürgermeister Siefermann ist der **Chef der Verwaltung** und hat sein Büro im Rathaus. Die Stadtverwaltung sind die Leute, die für die Stadt arbeiten. Sie ist eine große Organisation. Natürlich kann der Bürgermeister nicht jedem Mitarbeiter sagen, was er tun soll. Aber er ist dafür verantwortlich, dass die Stadtverwaltung funktioniert.
Er vertritt die Stadt nach außen und spricht in ihrem Namen. Herr Siefermann ist das Gesicht, das Aushängeschild oder besser gesagt: **Der Repräsentant der Stadt**. Bei vielen wichtigen Anlässen wird er gefragt, ob er dabei sein kann, um den Veranstaltungen eine besondere Bedeutung zu verleihen.
Bürgermeister Siefermann ist auch **Vorsitzender des Stadtrates**. Herr Holler ist Chef des **Gemeinderates**. Beide können nicht alles selbst entscheiden. Bei wichtigen Beschlüssen muss der Stadt- oder Gemeinderat befragt werden.

EA

Aufgabe 1: *Schreibe ein ABC-Gedicht zu dem Text.*

A		N	
B		O	
C		P	
D		Q	
E		R	
F		S	
G		T	
H		U	
I		V	
J		W	
K		X	
L		Y	
M		Z	

EA

Aufgabe 2: *Informiere dich und notiere.*

a) Wie heißt der Bürgermeister deiner Stadt oder Gemeinde?

____

b) Wie viele Ratsmitglieder hat euer Stadt- oder Gemeinderat?

____

Lernwerkstatt BÜRGERMEISTER & Co
Demokratie vor Ort - Bestell-Nr. 12 070
KOHL VERLAG

11 Welche Bürgermeister gibt es?

Bürgermeister Siefermann in Gunzen ist nur einer der unzählige **Bürgermeiste**r in Deutschland. Über 11.000 Gemeinden gibt es und fast jede hat einen eigenen Bürgermeister. Abgekürzt wird das Wort Bürgermeister mit **BGM**.

In größeren Städten gibt es mehrere Bürgermeister, die besondere Aufgabengebiete haben. Da gibt es z.B. einen Baubürgermeister. Die Bürgermeister unterstehen einem **Oberbürgermeister**, abgekürzt **OB**. Ob eine Stadt von einem Bürgermeister oder Oberbürgermeister regiert wird, richtet sich nach ihrer Größe.

Als **Erster Bürgermeister** wird das Regierungsoberhaupt der Freien und Hansestadt Hamburg bezeichnet. Der **Zweite Bürgermeister** ist Stellvertreter des Ersten Bürgermeisters.

Die Hauptstadt Berlin nennt ihr Stadtoberhaupt **Regierender Bürgermeister**. In den Bezirken der Stadt gibt es die **Bezirksbürgermeister**.

Bürgermeister Siefermann besitzt wie jeder Bürgermeister eine Amtskette, die zu seiner Amtstracht gehört. Sie besteht aus schwerem Metall wie Silber oder Gold. Sie wird nur zu ganz besonderen Anlässen getragen – wenn zum Beispiel wichtige Preise oder Orden verliehen werden oder wenn er wichtige Gäste empfängt. Die Amtskette unterstreicht die Würde und die Verantwortung des Bürgermeisters.

Besondere Gäste, die nach Gunzen kommen, dürfen sich in das Goldene Buch der Stadt eintragen. Doch es müssen schon ganz besondere Gäste wie Könige oder andere hochrangige Personen sein. Damit kann die Stadt immer nachweisen, welche speziellen Gäste zu Besuch waren. Viele besondere Gäste heben das Ansehen einer Stadt.

EA

Aufgabe 1: *Beantworte die Fragen zum Text in vollständigen Sätzen.*

a) Wie viele Gemeinden in Deutschland haben einen Bürgermeister?

____

b) Wie lauten die Abkürzungen für Bürgermeister und Oberbürgermeister?

____

c) Wann hat eine Stadt einen Oberbürgermeister?

____

d) Welche Bezeichnungen gibt es noch in anderen Städten für den Bürgermeister?

____

e) Was trägt Bürgermeister Siefermann bei besonderen Anlässen?

____

f) In welches Buch dürfen sich besondere Gäste der Stadt eintragen?

____

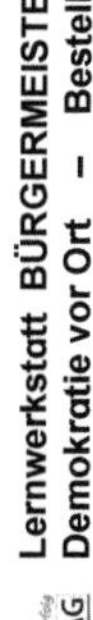

Lernwerkstatt BÜRGERMEISTER & Co
Demokratie vor Ort – Bestell-Nr. 12 070

12 Was verdient ein Bürgermeister?

Die Höhe der Bezahlung der Bürgermeister ist in den Bundesländern unterschiedlich geregelt. Die Zahlen sind also nur Anhaltspunkte, damit du eine ungefähre Vorstellung von den Gehältern bekommst.

Das fängt erst mal bescheiden an. Die **ehrenamtlichen Bürgermeister**, die Chefs einer kleinen Gemeinde sind, haben daneben noch ihren eigentlichen Beruf zu erledigen. Ihre Bezahlung hängt von der Einwohnerzahl ihrer Gemeinde ab. Bei 1000 Einwohnern kann das Gehalt zwischen 350 und 1700 Euro betragen. Bis zu 3000 Einwohnern gibt es zwischen 1600 und 3000 Euro. Bis zu 5000 Einwohnern sind zwischen 2600 und 3600 Euro vorgesehen.

Bürgermeister Siefermann ist **hauptamtlicher Bürgermeister** und wird wie jeder seiner Kollegen nach der Größe seiner Stadt bezahlt. Seine Stadt Gunzen hat 150.000 Einwohner. Er verdient etwa 8000 Euro im Monat. Wäre Herr Siefermann Bürgermeister einer Großstadt, würde er entsprechend mehr verdienen. Auch er hat wie andere Bürgermeister keinen 8-Stunden-Arbeitstag, sondern arbeitet 12 oder 14 Stunden am Tag, denn er sitzt nicht nur am Schreibtisch. Bürgermeister Siefermann hat auch andere Aufgaben außerhalb des Rathauses, z.B. bei Geburtstagen Glückwünsche der Stadt überbringen, Konferenzen, Baubesichtigungen, offizielle Einladungen für die Stadt annehmen usw.

EA

Aufgabe 1: *Löse das Silbenrätsel mit Wörtern aus dem Text.*

amt – amt – Bau – be – Be – eh – Ein – fer – gen – Glück – Gun – gun – haupt – lich – lich – mann – nern – ren – ruf – sche – sich – Sie – ti – woh – wün – zen

a) Name des Bürgermeisters von Gunzen?

____

b) Welche Art Bürgermeister ist er?

____

c) Welche Art Bürgermeister gibt es in kleinen Gemeinden?

____

d) Wonach werden Bürgermeister bezahlt?

____

e) In welcher Stadt ist Herr Siefermann Bürgermeister?

____

f) Was überbringen die Bürgermeister an Geburtstagen?

____

g) Was haben die ehrenamtlichen Bürgermeister neben dem Amt noch?

____

h) Was haben die Bürgermeister außerhalb des Rathauses noch zu tun?

____

Lernwerkstatt BÜRGERMEISTER & Co
Demokratie vor Ort – Bestell-Nr. 12 070

13 Kann ich auch Bürgermeister werden?

Kann ich auch Bürgermeister werden, wenn ich erwachsen bin?

Die Voraussetzungen für das Bürgermeisteramt sind von Bundesland zu Bundesland verschieden. Jeder deutsche Mann und jede deutsche Frau ab 21 Jahren kann zum Bürgermeister gewählt werden.

Berufliche Ausbildungen für das Amt sind nicht vorgeschrieben. Doch ist es von Vorteil, wenn man eine Ausbildung in der Verwaltung gemacht hat. Das erleichtert später das Amt als Bürgermeister und man muss sich natürlich für Politik interessieren.

Vorteilhaft kann es sein, wie Herr Siefermann, einer Partei anzugehören und dadurch als Kandidat für das Bürgermeisteramt Unterstützung zu bekommen. Als hauptamtlicher Bürgermeister wird man von den Bürgern direkt gewählt. Um sich als Kandidat ohne Partei für das Amt aufstellen zu lassen, musst du zuvor eine bestimmte Menge an Unterschriften der Bürger sammeln.

EA

Aufgabe 1: *Du willst dich als Kandidat um das Amt des Bürgermeisters in deiner Stadt bewerben:*

a) Entwirf ein Wahlplakat mit einem Slogan. Zeichne in den Rahmen.

b) Du willst samstags einen Wahlstand in deiner Stadt aufstellen. Wo würdest du ihn hinstellen und warum? Notiere.

____

____

____

____

____

c) Welche Ziele hast du, um deine Stadt schöner, reicher und lebenswerter zu machen? Notiere.

____

____

____

____

____

____

____

Lernwerkstatt BÜRGERMEISTER & Co
Demokratie vor Ort – Bestell-Nr. 12 070

14 Was passiert im Rathaus?

Was ist ein Rathaus und was passiert da eigentlich?

Rathaus nennt man das Haus, in dem die Politiker und Mitarbeiter einer Stadt oder Gemeinde arbeiten. Hier gibt es einen großen Saal, den Ratssaal, in dem der Stadt- oder Gemeinderat seine Sitzungen abhält. Außerdem arbeiten der Bürgermeister und die einzelnen Ämter der Stadt- oder Gemeindeverwaltung im Rathaus.

Im Rathaus in Gunzen arbeiten viele Menschen an Computern. Wenn es einen Stromausfall gibt oder ein Virus in den Programmen auftaucht, könnten alle Computer einer Stadt oder Gemeinde ausfallen und die wichtigen Daten wären verschwunden. Das wäre eine Katastrophe. Darum gibt es eine Computerzentrale zur Sicherung aller Daten aus allen Ämtern im Rathaus. Die Computerzentrale wird durch Sicherheitstüren geschützt, sodass sie kein Unbefugter betreten kann.

In Europa gibt es schon seit dem Mittelalter Rathäuser in Städten. Allerdings hat man sie oft nicht nur für den Rat verwendet. Ein Ort wurde als Stadt bezeichnet, wenn der Ort das Marktrecht verliehen bekommen hatte, also einen Markt abhalten durfte. Daher fand der Markt anfangs oft im Rathaus statt.

EA

Aufgabe 1: *Suche passende Wörter aus dem Text und füge sie senkrecht ein.*

			K																					
			A																					
			T																					
			A																					
			S																					
			T																					
			R																					
			O													V								
C	O	M	P	U	T	E	R	Z	E	N	T	R	A	L	E	I	M	R	A	T	H	A	U	S
			H													R								
			E													U								
																S								

Lernwerkstatt BÜRGERMEISTER & Co
Demokratie vor Ort - Bestell-Nr. 12 070
KOHL VERLAG

15 Was gibt´s heute in der Kantine zu Mittag?

Bei so vielen Menschen, die in einem Rathaus arbeiten, muss es auch eine Möglichkeit zum Essen geben. Spätestens mittags knurrt den meisten Rathausmitarbeitern der Ämter der Magen. Deshalb gibt es im Rathaus von Gunzen eine Kantine, in der man ein preiswertes Mittagessen bekommt. Morgens werden belegte Brötchen angeboten.

In Großstädten mit mehreren hundert Mitarbeitern im Rathaus gibt es eine eigene Küche und einen Koch in der Kantine, der das Mittagessen kocht. Meistens kann man zwischen zwei Gerichten wählen.

In kleineren Städten wie Gunzen wird das Mittagessen von einer Firma gebracht. Die Mitarbeiter in der Kantine sorgen für das Geschirr und Besteck und die Ausgabe der Mahlzeiten. Auch hier kann man zwischen zwei Gerichten wählen.

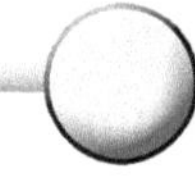

Der Küchenchef empfiehlt heute:

Vorsuppe

____

____

Hauptgericht 1

____

____

Hauptgericht 2

____

____

Dessert

____

____

EA

Aufgabe 1:

Schreibe eine Speisekarte für die Kantine in Gunzen. Es soll eine Vorsuppe, zwei Hauptgerichte zur Wahl und ein Dessert angeboten werden. Jedes Gericht muss mit einem Preis gekennzeichnet werden.

EA

Aufgabe 2: *Welches deiner Lieblingsgerichte sollte in der Kantine vom Gunzener Rathaus auf jeden Fall auf der Speisekarte stehen?*

EA

Aufgabe 3: *Du hast Preise an die Gerichte geschrieben. Wenn ich jeden Tag eines deiner beiden Hauptgerichte in der Kantine esse, wie viel Geld gebe ich in einem Monat mit 20 Arbeitstagen aus?*

Lernwerkstatt BÜRGERMEISTER & Co
Demokratie vor Ort – Bestell-Nr. 12 070
KOHL VERLAG

16 Gibt es nur die Berufsfeuerwehr in den Städten?

EA

Aufgabe 1: *Setze die passenden Wörter in den Lückentext ein.*

Ausrüstung • Feuerwehrleute • Löschzug • Berufsfeuerwehr • Feuerwache • Gemeinden • Betrag • Kollegen • Stunden • Einwohnerzahl • Besatzung • Fahrzeuge • Grund • Berufen • Sponsoren

Der überwiegende Teil Deutschlands wird nicht von der Berufs-, sondern von der Freiwilligen Feuerwehr betreut. Sie gibt es nicht nur auf dem Land, sondern auch in Großstädten. Die _______________ bei der Freiwilligen Feuerwehr arbeiten zwar ehrenamtlich, aber genauso hart wie die _______________ von den Berufsfeuerwehren. Berufsfeuerwehrleute werden bezahlt, denn es ist ihr Beruf.
Die Berufsfeuerwehr der Stadt Gunzen arbeitet eng mit der Freiwilligen Feuerwehr im Ort zusammen. Die Berufsfeuerwehr von Gunzen verfügt über einen _______________ mit 16 Mann _______________. Ganz wichtig: Sie muss Tag und Nacht bereitstehen.
Die Leute der Freiwilligen Feuerwehr gehen ihren _______________ nach, doch bei einem Alarm müssen sie schnell in der _______________ in Gunzen sein, wenn die Berufsfeuerwehr Unterstützung braucht.
Die Feuerwehrleute der _______________ müssen rund um die Uhr in Bereitschaft sein. Ein Dienst beginnt morgens um 8.00 Uhr und endet um 8.00 Uhr am nächsten Tag. Die Feuerwehrleute bleiben also 24 Stunden in der Feuerwache, denn Einsätze gibt es am Tag und in der Nacht. Danach haben sie 48 _______________ frei.
Aber eine Berufsfeuerwehr kostet Geld. Kleine Städte oder _______________ können sie sich nicht leisten. Aus diesem _______________ sind nur Städte mit mehr als 100.000 Einwohnern verpflichtet, eine Berufsfeuerwehr zu unterhalten.
Gunzen hat 150.000 Einwohner und muss eine Berufsfeuerwehr haben. Bürgermeister Siefermann bekommt das Geld für seine Berufsfeuerwehr vom Bundesland, zu dem Gunzen gehört. Der _______________, den er bekommt, richtet sich jedoch nach der _______________ der Stadt. Eine größere Stadt als Gunzen bekommt also mehr Geld.
Ihre Freiwillige Feuerwehr muss die Stadt Gunzen selbst bezahlen. Sehr viel tragen auch private _______________ bei, z.B. durch Spenden für neue _______________ oder Fahrzeuge. Außerdem bekommen die freiwilligen Feuerwehrleute kein Gehalt und pflegen ihre Gerätehäuser und _______________ in Eigenleistung.

Lernwerkstatt BÜRGERMEISTER & Co
Demokratie vor Ort – Bestell-Nr. 12 070

17 Wo steht die Schatztruhe von BGM Siefermann?

Rathaus

Die Daseinsvorsorge kostet jede Stadt und Gemeinde viel Geld.

Was ist die Daseinsvorsorge?

Damit jeder Bürger gut leben kann und das Zusammenleben aller Menschen funktioniert, braucht jede Stadt und Gemeinde Wasser- und Abwasserleitungen, Energie zum Heizen, Versorgung bei Krankheit, Einrichtungen wie Kitas, Schulen, Altenheime und Feuerwehr, gute Straßen für den Verkehr und viele öffentliche Verkehrsmittel. Das alles muss von einer Stadt oder Gemeinde bezahlt werden.

Eine echte **Schatztruhe** in einem Gewölbe eines alten Rathauses, in dem Schätze liegen, haben Städte heute nicht mehr. Aber die Stadt hat Schätze in Form von Gegenständen. Das sind zum Beispiel Schulgebäude, Gebäude von Kindergärten, Sporthallen, Straßen, Ampeln, Autos, Grundstücke und vieles mehr. Diese Gegenstände haben insgesamt meistens einen Wert von einigen Millionen Euro.

Alle diese Gegenstände sind die Schatztruhe einer Stadt, weil sie für die Menschen, die in der Stadt leben, da sind und für sie genutzt werden können. Man kann ihren Wert in Euro angeben, weil sie irgendwann einmal gekauft oder gebaut und bezahlt wurden und wieder verkauft werden können, wenn viel Geld gebraucht wird.

Doch die Stadt hat ständig andere Einnahmen wie z.B. Steuern, aus denen die Daseinsvorsorge für die Bürger bezahlt wird.

Verwaltet wird das Geld der Stadt oder Gemeinde vom **Amt für Finanzen**. Der Chef ist der **Kämmerer**. Das ist eine alte Berufsbezeichnung für den Finanzminister einer Stadt oder Gemeinde.

EA

Aufgabe 1: *Du hast gelesen, woraus die Schätze einer Stadt bestehen. Kann eine Stadt auch diese Schätze einfach verkaufen, wenn sie Geld benötigt? Notiere deine Überlegungen.*

____

____

____

EA

Aufgabe 2: *Woher bekommt eine Stadt oder Gemeinde Geld, um Gehälter zahlen oder Straßen bauen zu können? Erkundige dich bei deiner Stadt. Notiere deine Informationen.*

____

____

____

KOHL VERLAG Lernwerkstatt BÜRGERMEISTER & Co Demokratie vor Ort – Bestell-Nr. 12 070

18 Geht´s hier zum Amt für Verkehr?

Im **Amt für Verkehr** werden Straßen, Bürgersteige, Radwege, Verkehrsinseln und Zebrastreifen geplant und gebaut. Haltestellen für Busse und Bahnen müssen geplant werden und ein gefahrloses und bequemes Ein- & Aussteigen muss ermöglicht werden.

Das Amt für Verkehr sorgt für Verkehrsschilder für Autofahrer, Radfahrer und Fußgänger. Durch Hinweistafeln zum Parken (Parkleitsystem) sollen die Autofahrer schnell und sicher eine Parkmöglichkeit in der Stadt oder Gemeinde finden.

Zu den Aufgaben des Amtes für Verkehr gehört auch das Einrichten von Tempo-30-Zonen und verkehrsberuhigten Bereichen in Wohngebieten. Es richtet Parkplätze für Schwerbehinderte ein und stellt Parkausweise für Schwerbehinderte und Anwohner aus.

Wenn Kindergärten und Schulen einen Martinszug oder Karnevalsumzug machen wollen, muss das beim Amt für Verkehr angemeldet werden. Hier wird überprüft, ob der geplante Weg gefahrlos genutzt werden kann. Manchmal müssen dann auch Absperrgitter errichtet und Umleitungen für Autofahrer ausgeschildert werden.

Das Amt für Verkehr sorgt mit Markierungen und Ampeln dafür, dass sich alle Leute, mit dem Auto, zu Fuß oder mit dem Fahrrad sicher auf Straßen und Bürgersteigen bewegen können.

Im Amt für Verkehr gibt es noch die **Kfz-Zulassungsstelle** (Kfz = Kraftfahrzeug). Sie verwaltet alle Fahrzeuge. Wenn jemand ein Fahrzeug gekauft hat, muss er es hier anmelden. Hat das Fahrzeug vorher einen anderen Besitzer gehabt, muss man es ummelden. Wird ein Fahrzeug nicht mehr auf der Straße gefahren, kann man es hier abmelden. Ohne Anmeldung darf kein Fahrzeug auf den Straßen fahren.

Ist das Fahrzeug angemeldet, bekommt man ein Nummernschild. Das ist der „Personalausweis" für das Fahrzeug. Am Ausweis kann man erkennen, wem es gehört und dass es versichert ist und deshalb am Straßenverkehr teilnehmen darf.

EA

Aufgabe 1: *Überlege dir genau deinen Schulweg. Wo hat das Amt für Verkehr deinen Schulweg sicher gemacht? Schreibe auf, was dir dazu einfällt.*

____

____

____

____

____

____

____

KOHL VERLAG Lernwerkstatt BÜRGERMEISTER & Co Demokratie vor Ort – Bestell-Nr. 12 070

19 Was ist ein Stadtarchiv?

EA

Aufgabe 1: *Schreibe den Text in der richtigen Groß- und Kleinschreibung ins Heft. Lies ihn anschließend noch einmal durch.*

im **stadtarchiv** werden alle unterlagen, die für die geschichte der stadt von bedeutung sind, gesammelt. in den ordnern und akten befindet sich ein echtes stück geschichte. hier liegen urkunden, verträge, schriftstücke, zeitungen, fotos und andere sammlungsstücke aus vergangenen zeiten.

aufgabe eines stadtarchivs ist die bewahrung von alten dokumenten, aber auch von akten, die in der stadtverwaltung nicht mehr ständig gebraucht werden. dabei kann es sich z.b. um urkunden, schriftstücke, karten oder pläne handeln.

nicht alles, was es gibt, muss für die nachwelt aufgehoben und erhalten bleiben. deshalb muss ein **archivar** auswählen, ob es dokumente sind, die für künftige generationen interessant sein könnten.

EA

Aufgabe 2: *Du bist der Stadtarchivar und musst entscheiden, was du für die Nachwelt aufheben willst. Kreuze an, was du für wichtig hältst, um es der Stadt zu erhalten.*

	Die Urkunde über die Gründung der Stadt.
	Eine Rechnung über den Einkauf von Bleistiften und Radiergummis.
	Die Tankrechnung für einen der Dienstwagen.
	Die Schenkungsurkunde für Bilder für das städtische Museum.
	Fotos vom zerstörten Rathaus nach dem 2. Weltkrieg.
	Fotos von den bisherigen Bürgermeistern der Stadt.
	Fotos von den prächtig blühenden Blumenbeeten vor dem Rathaus.
	Ein Brief von der englischen Königin an den Bürgermeister der Stadt.
	Der Vertrag über die Aufstellung eines Imbissstandes am Bahnhof.

EA

Aufgabe 3: *Stelle dir vor, du bist der Stadtarchivar. Was würdest du aufheben. Was wäre dir besonders wichtig. Was findest du unwichtig. Hast du vielleicht eine Idee, was die Menschen lange Zeit nach dir interessieren könnte? Vergleiche deine Lösungen mit der Lösung anderer.*

Lernwerkstatt BÜRGERMEISTER & Co
Demokratie vor Ort – Bestell-Nr. 12 070

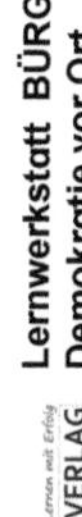

Rathaus

20 Was ist eine Bürgerberatungsstelle?

Die **Bürgerberatung** oder der **Bürgerservice** ist eine Stelle, an der man viele Dinge auf einmal erledigen kann. Damit muss man als Bürger nicht durchs ganze Rathaus laufen, um eine Angelegenheit zu erledigen.
Die Mitarbeiter der Bürgerberatung nehmen die Anliegen und Wünsche der Bürger entgegen, bearbeiten sie sofort oder leiten die Angelegenheiten an andere Ämter weiter. Die Mitarbeiter sind für viele Dinge gleichzeitig zuständig. Bei ihnen kann man z.B. Reisepässe beantragen, Termine für Sperrmüllabfuhren bekommen, An- und Abmeldung bei Umzug uvm.

EA

Aufgabe 1: *Stell dir vor, du brauchst einen neuen Pass, weil du eine Urlaubsreise in ein entferntes Land planst. Was tust du?*

____

____

____

EA

Aufgabe 2: *Setze die Wörter mit **Bürger** oder **bürger** zusammen. Notiere sie.*

- lich	- nah	- stand	- meister	- bewegung
- tum	- krieg	- wiese	- komitee	- lichkeit
- saal	- kunde	- verein	- telefon	- rechtler
- haus	- recht	- schaft	- schreck	- entscheid
- wehr	- steig	- beirat	- pflicht	- versammlung

bürger- ______________________________

Bürger- ______________________________

____

____

____

EA

Aufgabe 3: *Der Bürgerservice (Bürgerberatungsstelle) kostet natürlich Geld. BGM Siefermann überlegt, ob er sie aus Kostengründen abschaffen soll. Bist du auch der Meinung? Begründe.*

____

____

21 Wozu braucht die Stadt oder Gemeinde ein Bauamt?

EA

Aufgabe 1: *Setze die passenden Wörter in die Lücken des Textes ein.*

Hochhaus • Stadtteilen • Denkmalschutz • Traumhaus • Baubeginn • Gemisch • Tag • Reparatur • Flächen • Bürger • Bauamt • Zukunft

Familie Hein will für sich und die Kinder ein neues Haus in Gunzen bauen. Ein Grundstück, auf dem das ________________ stehen soll, haben sie schon. Doch so einfach ein Haus bauen – das geht in keiner Stadt oder Gemeinde. Vor ________________ muss man das Bauamt einschalten.

Welche Aufgaben hat das Bauamt?

Im Bauamt wird geplant, wie eine Stadt oder Gemeinde aussehen soll. Das nennt man Stadtentwicklungsplanung. Darin wird festgelegt, auf welchen ______________ in ______________ noch Häuser gebaut werden dürfen. Diese Planung ist wichtig, denn sonst würde jeder sein Haus dort bauen, wo es ihm passt. Ein ____________ mitten auf einem Acker wäre kein toller Anblick – oder?

Beim ______________ erfährt die Familie Hein, wie groß ihr Haus sein darf und wie es zu den Nachbarhäusern passen muss. Das Bauamt ist für alle Fragen zur Planung und Bauen in allen ______________ zuständig. Aber auch für den Abriss alter oder unbewohnbar gewordener Häuser ist das Bauamt zuständig.

Das Bauamt hat aber auch die Aufgabe, alte und stadtgeschichtlich wichtige Häuser vor dem Verfall zu schützen. Das nennt man Denkmalschutz.
Häuser, die unter ______________ stehen, sollen so erhalten bleiben, wie sie früher gebaut worden sind. Die Eigentümer von denkmalgeschützten Häusern haben es nicht leicht. Bei jeder ______________ oder Erneuerung müssen sie das Bauamt fragen. Und Reparaturen gibt es bei diesen Häusern viele, denn in früheren Zeiten bestanden die Wände auch schon mal aus einem ______________ aus Stroh und Kuhmist. Aus heutiger Sicht kein sehr haltbares Material.
Damit alle ______________ von Gunzen etwas von den denkmalgeschützten Häusern haben, gibt es einmal im Jahr den Tag des offenen Denkmals. An diesem ______________ können sie einige Häuser von innen besichtigen.

EA

Aufgabe 2: *Deine Familie möchte ein Haus bauen. Bilde mit den folgenden Begriffen einen kurzen Text. Schreibe ins Heft.*

Architekt – Pläne – Bauamt – Prüfung – Baubescheid – Hausbau

Lernwerkstatt BÜRGERMEISTER & Co
Demokratie vor Ort – Bestell-Nr. 12 070

22 Was ist ein Bauhof?

Der **Bauhof** ist meistens Teil des Bauamtes. Doch was macht ein Bauhof?

Der Bauhof hat vielfältige Aufgaben. Er kümmert sich um die Erhaltung und Verbesserung wichtiger Einrichtungen der Stadt oder Gemeinde.

Die Arbeit auf dem Bauhof ist immer unterschiedlich. Mal gibt es etwas zu streichen, tischlern oder reparieren, Winterdienst machen, kaputte Mülltonnen einsammeln, Fahrzeuge, Gerätschaften und Werkzeuge des Bauhofs in Ordnung halten usw. Bei den vielfältigen Aufgaben sind verschiedene Handwerksberufe gefordert. Das Team besteht deshalb aus Elektrikern, Gärtnern, Straßenwärtern und KFZ-Mechanikern. Jedes handwerkliche Wissen und Geschick ist gefragt.

EA

Aufgabe 1: *Kreuze an, um welche Aufgaben sich das Team des Bauhofs deiner Meinung nach kümmert.*

X	
	Pflege und Unterhaltung der öffentlichen Grünflächen
	Pflege der Sportanlagen
	Unterhaltung von Bürgersteigen
	Kontrolle und Unterhaltung von Kinderspielplätzen
	Kuchen backen fürs Schützenfest
	Fenster putzen im Rathaus
	Winterdienst der Straßen, Geh- und Radwege und Plätze
	Mähen und Schneiden von Straßen- und Wegegrün
	Erneuerung und Instandsetzung von Beschilderungen
	Papierkorb des Bürgermeisters entleeren
	Reparaturen in den Gebäuden und Einrichtungen
	Unterhaltung von Ruhebänken und Papierkörben
	Straßenunterhaltung innerorts und auf den Wirtschaftswegen

KOHL VERLAG Lernwerkstatt BÜRGERMEISTER & Co Demokratie vor Ort - Bestell-Nr. 12 070

23 Was ist ein Amt für Umwelt und Energie?

EA

Aufgabe 1: *Fülle den Lückentext mit den passenden Wörtern aus.*

Klima • Grünflächen • Umweltamt • Umweltverträglichkeit • Wasserversorgung • Abwasser • Kraftwerke • Wasserkreislauf • Zustand • Fische • Wasser • Stadt

Das **Umweltamt** der Stadt kümmert sich darum, dass die Umwelt geschützt und in einem guten _______________ gehalten wird. Das nennt man Erhaltung natürlicher Lebensgrundlagen. Dazu gehören: Wasser, Böden, _______________ , Landschaften, Lärmschutz, Klima und Luft.

Welche Aufgaben hat das Umweltamt?

Pflege der Gewässer: Gewässer können verschlammen. Die _______________ haben nicht mehr genug Lebensraum und die Verschlammung ist kein schöner Anblick für Erholungssuchende. Das _______________ prüft, wann der Schlamm entfernt werden muss und was es kostet. Es sorgt für die Durchführung der Arbeiten.

Pflege der Natur: Das Bauamt plant ein neues Wohngebiet. Dafür müssen Bäume gefällt werden. Wiesen und Naturböden verschwinden für Häuser und Straßen. Das Umweltamt prüft die Pläne auf _______________________________ , d.h. es soll so viel Natur wie möglich erhalten bleiben.

Überwachung der Wasserversorgung: Eine Stadt muss mit _______________ versorgt werden. Leitungen gehen von der Zubringerleitung zur Stadt in alle Häuser. Von der Leitstelle aus wird die _______________ per Computer für die ganze Stadt gesteuert. Bei Trinkwasser ist Hygiene oberstes Gebot. Das Umweltamt prüft die Qualität des Trinkwassers regelmäßig, um Verunreinigungen auszuschließen.

Abwasserversorgung: In einer __________________ fällt viel Abwasser an, das in Kläranlagen gesäubert und in Gewässer abgeleitet wird. So gelangt das Wasser in den natürlichen ________________ zurück.

Wartung des Kanalnetzes: Den Weg zu den Klärwerken nimmt das _______________ über das Kanalnetz, das ständig instandgehalten werden muss. Das Umweltamt sorgt für die Überwachung und die Reparaturen bei Rissen oder Löchern.

Überwachung der Stromversorgung: Die _________________ , die Strom erzeugen, stehen meist weit entfernt von einer Stadt oder Gemeinde, die mit Strom versorgt werden soll. Leitungen führen in die Häuser. Die Leitstelle kümmert sich um Störungen und versucht sie zu beseitigen. Außerdem überwacht und steuert sie den Strom.

Kontrollen: Das Umweltamt misst die Lärmwerte in einer Stadt oder Gemeinde und sorgt für ein gutes ____________ durch das regelmäßige Messen der Luftschadstoffe.

Lernwerkstatt BÜRGERMEISTER & Co
Demokratie vor Ort – Bestell-Nr. 12 070

24 Welche Aufgaben hat das Jugendamt?

Das Jugendamt einer Stadt oder Gemeinde wurde zur Unterstützung von Familien und Kindern eingerichtet.
Das Jugendamt besteht aus verschiedenen Abteilungen. Jede Abteilung hat ihre Aufgaben. In der Abteilung für Erziehungshilfe z.B. bieten Sozialarbeiter Hilfen an.

Aufgabe 1: *Schneide die Texte und Überschriften aus und klebe sie geordnet auf ein Schreibblatt.*

a) Wie unterstützt das Jugendamt Kinder, wenn Eltern sich trennen?

b) Wie unterstützt das Jugendamt, wenn Eltern die Kinder vernachlässigen?

c) Wie unterstützt das Jugendamt, wenn Eltern überfordert sind?

1) Es kommt vor, dass Kinder wie Lars von ihren Eltern geschlagen oder auch stark vernachlässigt werden. Lars muss große Angst in der Familie ausstehen. Dann schaltet sich das Jugendamt ein. Wenn sich die Eltern nicht ändern wollen, wird Lars in einer Pflegefamilie untergebracht, in der er angstfrei leben kann. Das Jugendamt schaltet das Familiengericht ein und das bestimmt, wo Lars in Zukunft leben soll. Kinder, deren Zuhause unerträglich geworden ist, können sich auch selbst ans Jugendamt wenden.

2) In der Schule fiel auf, dass Lena kein Butterbrot für die Pause dabei hatte, ihre Kleidung war schmuddelig, sie machte keine Hausaufgaben, beteiligte sich selten am Unterricht und wirkte meistens traurig. Die 8-Jährige Lena war das älteste von vier Kindern. Die Eltern waren überfordert und dachten, dass Lena auch schon alleine zurechtkommen würde. Das war nicht der Fall. Die Schule benachrichtigte das Jugendamt. Ein Mitarbeiter besuchte die Familie und bot eine Hilfe an. Die Hilfe kam nun dreimal pro Woche und unterstützte die Eltern bei der Versorgung.

3) Mias und Elias Eltern wollen sich trennen. Das ist für die Kinder keine leichte Situation. Das Jugendamt kann die Familie unterstützen. Es bietet den Eltern und den Kindern Gespräche an, damit Mia und Elias auch nach der Trennung wissen, dass ihre Eltern auch ihre Eltern bleiben. So müssen Kinder keine Angst haben, dass sie einen Elternteil verlieren werden und die Eltern können den Stress besser verstehen, den Mia und Elias durch die Trennung haben.

Lernwerkstatt BÜRGERMEISTER & Co
Demokratie vor Ort – Bestell-Nr. 12 070

25 Was ist ein Kulturamt?

Mit dem Wort Kultur meint man die geistige Bildung, die Lebensart und die Lebensweise. In jeder Stadt oder Gemeinde gibt es ein **Kulturamt**, das Veranstaltungen für die Bevölkerung organisiert. Das sind Veranstaltungen zur Bildung und Unterhaltung. Das Kulturamt bietet eine sog. *Grundversorgung* an. Dazu gehören die Museen der Stadt, das Stadttheater, die Stadtbibliothek, der Zoo (Tierpark), Frei- und Hallenbäder.

Über die Grundversorgung hinaus plant und bietet das Kulturamt Veranstaltungen als Ergänzung an. Dazu gehören Sportveranstaltungen, Musikfestivals oder es lädt Schriftsteller zu Lesungen ein. Um der Bevölkerung ergänzende Veranstaltungen zu bieten, brauchen die Mitarbeiter im Kulturamt viele Ideen. Sie müssen gut organisieren können, aber auch gut mit den Finanzen umgehen können, denn die Veranstaltungen kosten Geld. Das Kulturamt bekommt einen Haushaltsbetrag von der Stadt oder Gemeinde, mit dem es ein Jahr auskommen muss. Es muss also zusehen, dass es den Bürgern ein interessantes aber finanzierbares Kulturangebot bietet. Manchmal unterstützen auch Sponsoren eine Veranstaltung finanziell, um etwas Werbung für sich zu machen.

EA

Aufgabe 1: *Beantworte die Fragen in vollständigen Sätzen.*

a) Was bezeichnet das Wort Kultur?

b) Welches Amt in einer Stadt oder Gemeinde ist für die Kultur zuständig?

c) Zu welchen zwei Bereichen werden Veranstaltungen angeboten?

d) Was gehört zu einer kulturellen Grundversorgung einer Stadt oder Gemeinde?

e) Was gehört zu den kulturellen Ergänzungen und nicht zur Grundversorgung?

f) Was brauchen die Mitarbeiter eines Kulturamtes?

g) Was müssen die Mitarbeiter unter einen Hut bekommen?

h) Wer unterstützt schon mal eine Veranstaltung aus einem bestimmten Grund?

EA

Aufgabe 2: *Welche Veranstaltungen hättest du gerne in deiner Stadt oder Gemeinde? Notiere mindestens zwei.*

Rathaus

26 Was macht ein Einwohnermeldeamt?

EA

Aufgabe 1: *Setze die passenden Wörter in den Lückentext ein.*

Monate • Erbschaft • Wohnort • Ausweise • Hunden • Gemeinde • Amt • neuen

Jeder in Deutschland kann wohnen, wo er will. Doch wenn er von einer Wohnung in eine andere zieht, muss er das dem **Einwohnermeldeamt** mitteilen. Er muss sich an dem alten ______________ abmelden und an dem ______________ anmelden. In Deutschland gilt eine Meldepflicht, für die es das Meldegesetz gibt. Zieht man innerhalb einer Stadt oder ______________ um, muss man sich beim Einwohnermeldeamt nur ummelden. Für die Ab-, An- und Ummeldung hat man drei ______________ Zeit. Und wer sich nicht daran hält, muss ein Bußgeld bezahlen. Die Meldepflicht ist wichtig, damit der Staat jeden Bürger finden kann, z.B. bei einer ______________ oder einer kriminellen Handlung.

Das Einwohnermeldeamt ist auch für ______________ zuständig. Wenn man einen Personalausweis, Kinderausweis oder Reisepass beantragt, muss man das beim Einwohnermeldeamt machen.

Das ______________ ist auch zuständig für Namensänderungen, Anträge für Aufenthaltsgenehmigungen, Anmeldung von ______________ und Beglaubigungen von Dokumenten und verschiedene andere Aufgaben.

EA

Aufgabe 2: *Schreibe ein ABC-Gedicht zu dem Text.*

A		N	
B		O	
C		P	
D		Q	
E		R	
F		S	
G		T	
H		U	
I		V	
J		W	
K		X	
L		Y	
M		Z	

EA

Aufgabe 3: *Schreibe in dein Heft:*

a) Was muss man tun, wenn man umzieht?

b) Warum ist die Meldepflicht wichtig?

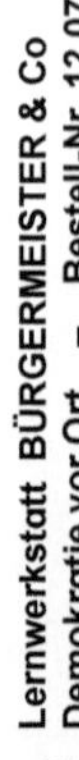

27 Wozu braucht die Stadt oder Gemeinde ein Standesamt?

Das **Standesamt** einer Stadt oder Gemeinde begleitet jeden Menschen das ganze Leben. Das beginnt bei der Geburt, geht über die Heirat bis zum Todesfall.
Das erste Mal kommt ein Bürger kurz nach der Geburt in den Kontakt mit dem Standesamt, denn der Neubürger muss angemeldet werden. Hier wird auch sein Vorname und die Abstammung festgelegt und ins Geburtenregister eingetragen. Die Anmeldung machen die Eltern, denn der Neubürger kann es aus verständlichen Gründen nicht selbst tun.

Brautpaar vor 100 Jahren

Der nächste Kontakt ist meistens die Heirat (Eheschließung). Wenn ein Paar heiraten möchte, leistet es dafür eine Unterschrift beim Standesamt und gilt von da an als verheiratet. Eine Hochzeit in der Kirche ist nicht notwendig.

Doch das war nicht immer so. Bis 1874 hatte allein die Kirche das Recht, Ehen zu schließen. 1874 wurde das Recht in Deutschland aufgehoben und von nun an mussten Ehen auf einem Standesamt geschlossen werden. In Berlin wurden die ersten dreizehn Standesämter eröffnet. Ein Paar kann noch zusätzlich in einer Kirche heiratet, aber vor dem Gesetz ist es bereits verheiratet.

Tritt ein Sterbefall ein, so muss der beim Standesamt angezeigt und im Sterberegister eingetragen werden.

Paare heiraten festlich gekleidet auf dem Standesamt oder auch noch in der Kirche. Das ist manchen Leuten heute zu langweilig. Sie suchen sich andere Orte und oftmals eine nicht gerade festliche Kleidung.

Mitglieder eines Westernvereins heiraten im Cowboy- oder Indianerkostüm. Begeisterte Taucher heiraten im Tauchanzug und mit Sauerstoffflasche unter Wasser. Das Ja-Wort wird mit Handzeichen gegeben. Auch Schlösser, Burgen, Festungen, Mühlen und Leuchttürme sind als Orte zum Heiraten beliebt.

EA

Aufgabe 1: *Welche außergewöhnlichen Orte fallen dir fürs Heiraten ein? Notiere deine Ideen.*

____

____

EA

Aufgabe 2: *Welche außergewöhnlichen Kleidungen fallen dir fürs Heiraten ein? Notiere mindestens zwei.*

____

____

Lernwerkstatt BÜRGERMEISTER & Co
Demokratie vor Ort – Bestell-Nr. 12 070
KOHL VERLAG

28 Was macht das Schulverwaltungsamt?

Das **Schulverwaltungsamt** schafft die Voraussetzungen für einen reibungslosen Schulbetrieb aller Schulen in der Stadt.

EA

Aufgabe 1: *Kreuze an, um welche Aufgaben sich das Schulverwaltungsamt deiner Meinung nach kümmert.*

	Räume für alle Schüler des Ortes schaffen.
	Schulbücher für alle Schüler bestellen und bezahlen.
	Reparaturen an Schulgebäuden vornehmen.
	Allen Schülern die Rucksäcke tragen.
	Für die Sauberkeit in den Schulen sorgen.
	Streit unter Schülern schlichten.
	Neubau, Umbau, Erweiterung von Schulgebäuden.
	Alle Schulen je nach Anzahl der Schüler mit Geld versorgen.
	Anordnung von Feueralarmproben.
	Für Möbel und technische Geräte in der Schulen sorgen.
	Organisation von Schulbussen.
	Den Kaffee für die Lehrer kochen.
	Für Sicherheit durch Zebrastreifen und Schülerlotsen vor den Schulen sorgen.
	Die Autos der Lehrer waschen.

EA

Aufgabe 2: *Das alte Schulgebäude soll bemalt werden. Welche Ideen hast du dazu? Male es an.*

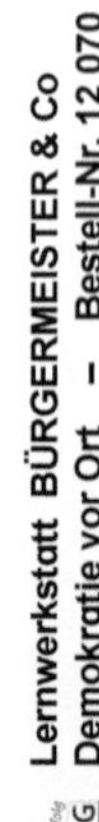
KOHL VERLAG
Lernwerkstatt BÜRGERMEISTER & Co
Demokratie vor Ort – Bestell-Nr. 12 070

29 Gibt es eine KiTa-Abteilung?

Rathaus

Was ist eine *Kita*?

Das ist die Abkürzung für **Ki**nder**ta**gesstätte oder **Ki**nder**ta**geseinrichtung. Die KiTa besuchen Kinder, die noch nicht in die Schule gehen können, die aber den ganzen Tag gut versorgt sein müssen, weil die Eltern z.B. arbeiten.

Die **KiTa-Abteilung** gehört zum **Jugendamt**. Hier wird alles organisiert, was mit den KiTas der Stadt oder Gemeinde zu tun hat. Die Mitarbeiter in der Abteilung lösen Probleme, die nicht vor Ort in der KiTa gelöst werden können. Sie suchen aus, welche Erzieher / Erzieherinnen in der KiTa arbeiten und sich um die Kinder kümmern dürfen. Die Auswahl ist nicht leicht, denn die Bewerber müssen gute Zeugnisse haben und im Bewerbungsgespräch ihre Idee von der Arbeit mit kleinen Kindern vorstellen können.

Was können die Kinder in einer KiTa machen?

Der Tag in der KiTa beginnt für die Gruppe meistens um 9 Uhr, denn bis dahin sind alle Kinder eingetrudelt. In einem Morgenkreis erzählen die Kinder, was sie an dem Tag tun wollen. Die meisten KiTas haben einen *Bastel- und Malraum*, in dem Farben und verschiedene Materialien bereitliegen. Manche Kinder möchten Bewegung. Sie zieht es in die *Turnhalle*. Zumeist hat jede KiTa ein *Außengelände* mit Sandkasten und Spielgeräten.
Da die Kinder den ganzen Tag in der KiTa verbringen, brauchen sie auch ein Mittagessen, das fertig gekocht angeliefert wird. Für die Organisation ist die KiTa-Abteilung zuständig. Sie handelt mit den Lieferanten aus, was es jeden Tag zu essen geben soll.

EA

Aufgabe 1: *Beantworte die Fragen in vollständigen Sätzen.*

a) Was bedeutet die Abkürzung KiTa?

____

b) Wer besucht die KiTa?

____

c) Zu welchem Amt gehört die KiTa-Abteilung?

____

d) Wen sucht die KiTa-Abteilung gewissenhaft aus?

____

e) Was müssen die Bewerber vorweisen können?

____

f) Wann beginnt der Tag in der KiTa für die ganze Gruppe?

____

g) Was macht die Gruppe morgens zuerst?

____

h) An welchen Orten können sich die Kinder beschäftigen?

____

KOHL VERLAG Lernwerkstatt BÜRGERMEISTER & Co Demokratie vor Ort – Bestell-Nr. 12 070

30 Was ist eine Gemeinde?

EA **Aufgabe 1:** *Setze die passenden Wörter in die Lücken ein.*

Vororte • Kosten • Gemeinden • Regeln • Kommune • Wort • sparen • weniger

Was ist der Unterschied zwischen einer Stadt und einer Gemeinde?

Eine **Stadt** hat meistens viele Einwohner. Die _______________ kann sich über das ganze Gemeindegebiet erstrecken. Damit gehören auch _______________ zu der Stadt.

Eine **Gemeinde** hat meistens _______________ Einwohner. Zur Gemeinde können mehrere Dörfer oder kleinere Siedlungen gehören.

Für die Stadt und die Gemeinde kann man auch das _______________ Kommune verwenden.

Die _______________ verwalten sich selbst. Aber sie müssen auch staatliche Aufgaben übernehmen. Dazu gehören die Aufgabenbereiche des Einwohnermeldeamtes und des Standesamtes.

In der Gemeindeordnung sind _______________ aufgestellt, die das Zusammenleben organisieren und erleichtern. Diese Regeln gelten für alle gemeinsamen Orte und Einwohner innerhalb der Gemeinde.

Nachbargemeinden arbeiten heute vielfach zusammen, um z.B. _______________ zu _______________ oder ihre Forderungen gegenüber den nächsthöheren politischen Instanzen wie z.B. dem Kreistag besser durchsetzen zu können.

EA **Aufgabe 2:** *Was kannst du über Stadt oder Gemeinde an den Schildern ablesen? Notiere.*

Universitätsstadt
Mannheim

Gemeinde Ostseebad
Boltenhagen
Landkreis
Nordwestmecklenburg

a) _______________________________
____

b) _______________________________
____

Meseberg
Stadt Gransee
Landkreis Oberhavel

c) _______________________________
____

d) _______________________________
____

Lernwerkstatt BÜRGERMEISTER & Co
Demokratie vor Ort – Bestell-Nr. 12 070
KOHL VERLAG

31 Gibt es eine Gemeinde innerhalb der Gemeinde?

Neben der **politischen Gemeinde** gibt es noch die **kirchliche Gemeinde**.

Zu jedem Dorf und jeder Stadt in Deutschland gehört mindestens eine Kirche. Sie ist der Treffpunkt für die Christen aus der Nachbarschaft. Sie bilden zusammen mit der Kirche eine **kirchliche oder christliche Gemeinde**.

Pfarrer und Pastoren verwalten eine christliche Gemeinde. Sie haben viele Aufgaben. Sie gestalten Gottesdienste oder Messen, halten Taufen, Hochzeiten, Konfirmationen, Kommunion- und Trauerfeiern ab. Zusätzlich übernehmen sie häufig den Religionsunterricht in Schulen.

Jede Kirche hat auch ein Gemeindehaus, in dem sich die Mitglieder der Gemeinde treffen, Basare organisieren, Feste feiern und Vorträge anhören. Hier ist auch die Verwaltung der Kirchengemeinde untergebracht. Bei großen Gemeindehäusern ist sogar ein Kindergarten untergebracht. Um für die Gemeindemitglieder immer erreichbar zu sein, wohnt der Pastor oder Pfarrer im Pfarrhaus, das der Kirchengemeinde gehört.

Wie in einer politischen Gemeinde müssen auch in der kirchlichen oder christlichen Gemeinde Regeln das Zusammenleben gestalten. Dazu gibt es das Kirchenrecht. Darin befinden sich alle Rechtsvorschriften, die das kirchliche Gemeinschaftsleben ordnen.

Aufgabe 1: *Beantworte die Fragen in vollständigen Sätzen.*

a) Welche Gemeinde gibt es außer der politischen Gemeinde?

____

b) Wer leitet und verwaltet die Gemeinde?

____

c) Nenne drei Aufgabe eines Pfarrers oder Pastors.

____

d) Welche zusätzliche Aufgabe übernehmen Pfarrer oder Pastoren in Schulen?

____

e) In welchem Haus treffen sich die Gemeindemitglieder?

____

f) Was ist auch in dem Treffpunkt untergebracht?

____

g) Nenne zwei Veranstaltungen, die in dem Treffpunkt stattfinden.

____

h) Wo wohnt der Pfarrer oder Pastor und aus welchem Grund wohnt er in dem Haus?

____

i) Was erleichtert das Zusammenleben der Gemeindemitglieder?

____

j) Wie heißt die Rechtsvorschrift für das Zusammenleben der Gemeindemitglieder?

____

Lernwerkstatt BÜRGERMEISTER & Co
Demokratie vor Ort – Bestell-Nr. 12 070

32 Was ist eine Eingemeindung?

Die **Eingemeindung** ist die Aufnahme von einer meist kleineren Gemeinde in eine meist größere Gemeinde.

Die aufnehmende größere Gemeinde bleibt bestehen. Die eingegliederte kleinere Gemeinde wird aufgelöst. Bei der Eingemeindung verliert also die kleinere Gemeinde ihre Selbstständigkeit.

<u>Beispiele:</u> *Lotter* ist kleiner als *Niesen*, also **L + N = N**
Humme ist größer als *Katta*, also **H + K = H**

Es gibt noch eine andere Art der Eingemeindung, die **Gemeindefusion**. Bei diesem Zusammenschluss entsteht aus zwei oder mehreren selbstständigen Gemeinden eine neue Gemeinde, die auch einen neuen Namen erhält.

<u>Beispiel:</u> *Jesta*, *Neunar* und *Fenda* schließen sich zur Gemeinde *Parta* zusammen, also **J + N + F = P**

Warum finden Zusammenschlüsse von Gemeinden statt?

- Durch eine neue Gebietsaufteilung wurden viele kleinere Gemeinden in größere Städte eingemeindet. Die Gemeinden erhielten den Namen der Stadt und wurden zu Vororten. Das größere Gebiet sollte in allen Bereichen leistungsstärker sein.
- Durch die größeren Gebiete brauchte man nur eine Stelle, die das Gebiet verwaltete. Dadurch wurden Kosten gespart.

EA

<u>Aufgabe 1</u>: *Die Eingemeindung von kleineren Gemeinden in eine größere Stadt hatte auch Nachteile für die Bevölkerung. Welche könnten das nach deiner Meinung sein? Kreuze an.*

	Schulen werden zusammengelegt und die Schüler müssen mit dem Bus fahren.
	Es gab nur noch ein Rathaus in der Stadt und damit lange Wege für die Leute.
	Die Bürgermeister der Gemeinden waren überflüssig.
	Die Leute mussten ihre Visitenkarten ändern lassen, was Geld kostet.
	Die Gemeinden verloren ihre Eigenständigkeit und waren von der Stadt abhängig.
	Die Menschen bekamen neue Autokennzeichen.
	In den Gemeinden gab es kein Eis mehr.
	Straßennamen waren jetzt doppelt vorhanden und mussten geändert werden.
	Keiner wollte mehr in seiner Gemeinde leben.

KOHL VERLAG Lernwerkstatt BÜRGERMEISTER & Co Demokratie vor Ort – Bestell-Nr. 12 070

33 Was macht ein Ortsvorsteher?

Der **Ortsvorsteher** vertritt seinen meist sehr kleinen Ort, z.B. ein Dorf. Das Dorf gehört zu einer Gemeinde. Welche Aufgaben ein Ortsvorsteher hat, ist in unseren Bundesländern unterschiedlich geregelt.
Die Gemeinde hat das Gemeindegebiet in Ortschaften eingeteilt. Für jeden Ort hat der Gemeinderat einen Ortsvorsteher gewählt. Das Amt wird nicht bezahlt. Es ist ehrenamtlich.
Der Ortsvorsteher soll die Interessen seiner Ortschaft vor dem Gemeinderat vertreten. Er kann nicht mitwählen, wird aber im Gemeinderat angehört und kann beraten.

Der Ortsvorsteher hat **vielfältige Aufgaben**:

1. Wahrnehmung der Interessen des Ortes gegenüber dem Gemeinderat
2. Förderung der Zusammenarbeit zwischen Vereinen und der Kirchengemeinde
3. Terminabstimmung von Veranstaltungen im Ort
4. Gratulation zu Ehe- und Altersjubiläen
5. Beglaubigung von Unterschriften und Abschriften von Dokumenten
6. Meldungen von Straßenmängeln an die Gemeindeverwaltung
7. Mitwirkung bei Wahlen als Wahlhelfer
8. Bürgerversammlungen bei wichtigen Angelegenheiten

EA

Aufgabe 1: *Du bist Ortsvorsteher in deinem Ort (Stadtteil). Zähle auf, welche Vorschläge du an den Gemeinderat hättest, um Mängel zu beheben und deinen Ort schöner zu gestalten.*

1. ____________________

2. ____________________

3. ____________________

4. ____________________

5. ____________________

6. ____________________

EA

Aufgabe 2: *Beantworte die Fragen aus dem Text.*

a) Wen vertritt der Ortsvorsteher?

____

b) Von wem werden Ortsvorsteher gewählt und eingesetzt?

____

c) Wie viel verdient ein Ortsvorsteher?

____

d) Nenne zwei Aufgaben des Ortsvorstehers.

____

Lernwerkstatt BÜRGERMEISTER & Co
Demokratie vor Ort – Bestell-Nr. 12 070
KOHL VERLAG Lernen mit Erfolg

34 Rathaus-Quiz

Spielanleitung:

Jeder Spieler nimmt eine Spielmarke. Der Spielleiter liest die Fragen von den Karten vor. Wer richtig antwortet, darf seine Spielmarke ein Feld weiterschieben. Wer zuerst am Ziel ist, hat gewonnen.

Lernwerkstatt BÜRGERMEISTER & Co
Demokratie vor Ort – Bestell-Nr. 12 070
KOHL VERLAG

34 Rathaus-Quiz

Aufgabe: *Schneidet die Karten mit den **Fragen** aus.*

1. Was bedeutet das Wort Demokratie?
2. Wann wurde die Bundesrepublik Deutschland gegründet?
3. Aus wie vielen Bundesländern besteht die Bundesrepublik Deutschland?
4. Wer trifft Entscheidungen in den Städten oder Gemeinden?
5. Wie entsteht ein Stadt- oder Gemeinderat?
6. Er ist der Chef der Verwaltung in einer Stadt oder Gemeinde.
7. Welche Aufgaben allgemein hat der Stadt- oder Gemeinderat?
8. Wie ist die Bezeichnung für einen Bürgermeister, der kein Gehalt bekommt?
9. In welches Buch einer Stadt tragen sich besondere Gäste ein?
10. Wie ist die Bezeichnung für den Bürgermeister der Hauptstadt Berlin?
11. Kann jeder Bürger Bürgermeister werden?
12. Was ist ein Rathaus?
13. Welche Feuerwehr unterstützt die Berufsfeuerwehr?
14. Welches Amt verwaltet das Geld einer Stadt oder Gemeinde?
15. Wo muss man sein Auto an- oder abmelden?
16. Womit beschäftigt sich allgemein das Bauamt?
17. Welches Amt pflegt die Gewässer einer Stadt oder Gemeinde?
18. Unterstützt das Jugendamt nur Jugendliche?
19. In welchem Amt muss man sich nach dem Umzug an- und abmelden?
20. Welches Amt ist offiziell für Eheschließungen und Geburten zuständig?
21. Was ist die Gemeinde innerhalb einer Gemeinde?
22. Was bezeichnet man als Eingemeindung?
23. Durch wen wird eine Ortschaft bei der Gemeinde vertreten?

Joker
Du darfst ein Feld vorrücken!

Lernwerkstatt BÜRGERMEISTER & Co
Demokratie vor Ort – Bestell-Nr. 12 070
KOHL VERLAG Lernen mit Erfolg

34 Rathaus-Quiz

Aufgabe: *Schneidet die Karten mit den **Lösungen** aus.*

1. Volksherrschaft	13. die freiwillige Feuerwehr
2. 23. Mai 1949	14. Amt für Finanzen
3. 16 Bundesländer	15. Amt für Verkehr
4. der Stadt- oder Gemeinderat	16. Es plant, wie eine Stadt aussehen soll.
5. durch die Kommunalwahlen der Bürger	17. Amt für Umwelt und Energie (Umweltamt)
6. der Oberbürgermeister oder Bürgermeister	18. nein, auch Kinder und Familien
7. das Lösen von Problemen ihrer Stadt oder Gemeinde	19. Einwohnermeldeamt
8. Er arbeitet ehrenamtlich	20. Standesamt
9. in das Goldene Buch	21. Kirchengemeinde
10. Regierender Bürgermeister	22. die Aufnahme kleinerer Gemeinden in größere
11. Ja, wenn er mindestens 21 Jahre alt ist.	23. Ortsvorsteher
12. Ein Haus, in dem Politiker und Mitarbeiter der Verwaltung arbeiten.	**Joker** **Du darfst ein Feld vorrücken!**

Lernwerkstatt BÜRGERMEISTER & Co
Demokratie vor Ort – Bestell-Nr. 12 070
KOHL VERLAG

Lösungen

1 Was ist eine Demokratie?

Aufgabe 1: Die richtige Reihenfolge lautet:
Ordnung – Staat – Bürger – Wahlen – Idee – Jahre – ungerecht – König – Recht – Macht

Aufgabe 2: individuelle Lösung

2 Was bedeutet „Bundesrepublik Deutschland"?

Aufgabe 1:

3 Was ist ein Bundesland?

Aufgabe 1: individuelle Lösung

Aufgabe 2:

Schleswig-Holstein	Kiel	Baden-Württemberg	Stuttgart
Niedersachsen	Hannover	Bayern	München
Nordrhein-Westfalen	Düsseldorf	Thüringen	Erfurt
Hessen	Wiesbaden	Sachsen	Dresden
Rheinland-Pfalz	Mainz	Sachsen-Anhalt	Magdeburg
Saarland	Saarbrücken	Brandenburg	Potsdam
Mecklenburg-Vorpommern	Schwerin		

Lernwerkstatt BÜRGERMEISTER & Co
Demokratie vor Ort – Bestell-Nr. 12 070
KOHL VERLAG

4 Welche Großstädte gibt es in Deutschland?

Aufgabe 1: **1** - Fernsehturm; **2** - Brandenburger Tor; **3** - Gedächtniskirche; **4** - Reichstag

Aufgabe 2:

	Stadt	Einwohner	Bundesland
1	Berlin	3,5	Berlin
2	Hamburg	1,8	Hamburg
3	München	1,4	Bayern
4	Köln	1,0	Nordrhein-Westfalen
5	Frankfurt (Main)	0,68	Hessen
6	Stuttgart	0,61	Baden-Württemberg
7	Düsseldorf	0,59	Nordrhein-Westfalen
8	Dortmund	0,58	Nordrhein-Westfalen
9	Essen	0,57	Nordrhein-Westfalen
10	Bremen	0,55	Bremen

5 Was ist der Stadt- und Gemeinderat?

Aufgabe 1: Bürger – Abständen – Parteien – Chef – regiert – Sitzungen – Mitglieder – Beruf

Aufgabe 2: **a)** Bürger; **b)** Stadt- oder Gemeinderat; **c)** Bürger; **d)** Kommunalwahlen; **e)** Oberbürgermeister oder Bürgermeister; **f)** Stadtrat oder Gemeinderat; **g)** nein, ehrenamtlich; **h)** Ortsvorstand; **i)** nach der Größe / Einwohnerzahl; **j)** ehrenamtlich

6 Wie entsteht ein Stadt- oder Gemeinderat?

Aufgabe 1: unmittelbar – gleich – allgemein – geheim – frei

Aufgabe 2: Um **Bürgermeister** zu werden musst du mindestens 21 **Jahre** alt und deutscher Staatsbürger sein. Damit du überhaupt **Wähler** findest, die dich auch wählen wollen, solltest du Angehöriger einer **Partei** sein oder genügend Unterschriften von Unterstützern haben. Du brauchst ein **politisches** Programm, das deine Wähler gut finden. Du sagst mit deinem politischen Programm auch, welche **Veränderungen** du anstrebst oder was du gut oder **schlecht** findest im Ort oder in der **Stadt**, wo du Bürgermeister werden möchtest. Im Wahlkampf musst du dich mit deinen **Mitbewerbern** messen und, um gewählt zu werden, mehr Wähler für sich begeistern. Du musst dein Programm vorstellen, öffentliche **Auftritte** abhalten, **Plakate** und Slogans haben. Nur mit einem **guten** Eindruck hast du die Chance, Bürgermeister zu werden.

7 Was ist eine Fraktion und eine Koalition?

Aufgabe 1: Gruppe – Politiker – Ideen – Mitglieder – Bespiel – Mitglieder – Mehrheit

Aufgabe 2: DFS + DUP; DFS + MCC; DUP + MCC; MCC + DXV + BCX; DFS + DXV

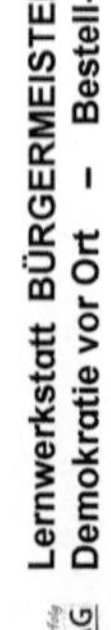
Lernwerkstatt BÜRGERMEISTER & Co
Demokratie vor Ort – Bestell-Nr. 12 070
KOHL VERLAG

8 Wie arbeitet der Stadt- oder Gemeinderat?

Aufgabe 1: **a)** Politiker des Rates; **b)** Aufgaben sind geregelt; **c)** die Ausschüsse; **d)** Rat; **e)** Abstimmung

Aufgabe 2: individuelle Lösung

9 Welche Regeln gibt es im Stadt- oder Gemeinderat?

Aufgabe 1: Tische, Chef, Blick, Protokolle, Ratsmitglieder, Fraktion, Pätze, Partei

Aufgabe 2: Ratsmitglieder müssen sich melden, wenn sie im Stadt- oder Gemeinderat etwas sagen wollen. In großen Stadträten mit vielen Mitgliedern müssen sie sich für eine Rede sogar schriftlich anmelden. wer im Stadt- oder Gemeinderat etwas sagen möchte, muss warten, bis der Bürgermeister ihn aufruft und ihm damit „das Wort erteilt". dann geht er nach vorne ans Rednerpult. Erst wenn der Redner ausgeredet hat; dürfen die anderen Ratsmitglieder Fragen stellen. Wenn jemand den Redner beschimpft oder ständig dazwischen ruft, klingelt der Bürgermeister mit einer kleinen Glocke und ermahnt ihn. Hört der Abgeordnete trotzdem nicht auf, dann darf der Bürgermeister ihn vor die Tür schicken.

Aufgabe 3: Der Bürgermeister kann denjenigen vor die Tür schicken. Das gilt für Störenfriede, aber auch für Gemeindemitglieder, die ihre gute Kinderstube vergessen haben und andere beleidigen.

10 Welche Aufgaben hat Bürgermeister Siefermann?

Aufgabe 1:

A	ushängeschild	N	amen
B	ürgermeister	O	rganisation
C	hef der Verwaltung	P	artei
D	er Chef Herr Holler	Q	
E	hrenamtlich	R	epräsentant
F	unktionierende Verwaltung	S	iefermann
G	emeinderat	T	
H	auptamtlich	U	
I	m Rathaus ist das Büro	V	orsitzender
J	eder kann ins Rathaus	W	ahlen
K	eine alleinige Entscheidung	X	
L	eute arbeiten im Rathaus	Y	
M	itarbeiter	Z	u Ende ist das

Aufgabe 2: individuelle Lösung

11 Welche Bürgermeister gibt es?

Aufgabe 1: **a)** über 11.000 Gemeinden; **b)** BGM und OB; **c)** ab einer bestimmten Größe der Stadt; **d)** Regierender Bürgermeister – Erster Bürgermeister – Bezirksbürgermeister; **e)** Amtskette; **f)** ins Goldene Buch

Lernwerkstatt BÜRGERMEISTER & Co
Demokratie vor Ort – Bestell-Nr. 12 070

Lösungen

12 Was verdient ein Bürgermeister?

Aufgabe 1: **a)** Siefermann; **b)** hauptamtlich; **c)** ehrenamtlich; **d)** Einwohnern; **e)** Gunzen; **f)** Glückwünsche; **g)** Beruf; **h)** Baubesichtigungen

13 Kann ich auch Bürgermeister werden?

Aufgabe 1: individuelle Lösung

14 Was passiert im Rathaus?

Aufgabe 1: Computer – Ort – Marktrecht – Katastrophe – Unbefugter – Städte – Mittelalter – Rathaus – Sitzungen – Ämter – Gemeinde – Mitarbeiter – Ratssaal – Programm – Stromausfall – Daten – Virus – Menschen – Bürger – Stadt – Rat – Haus – Saal – Verwaltung – Sicherungen

15 Was gibt´s heute in der Kantine zu Mittag?

Aufgaben: Individuelle Lösung

16 Was gibt´s heute in der Kantine zu Mittag?

Aufgabe 1: Feuerwehrleute – Kollegen – Löschzug – Besatzung – Berufen – Feuerwache – Berufsfeuerwehr – Stunden – Gemeinden – Grund – Betrag – Einwohnerzahl – Sponsoren – Ausrüstung – Fahrzeuge

17 Wo steht die Schatztruhe von BGM Siefermann?

Aufgabe 1: Ja, dies ist möglich und wird auch gelegentlich gemacht.

Aufgabe 2: Geld bekommt sie aus Steuern der eigenen Bürger und aus Geldtöpfen des Bundeslandes.

Lernwerkstatt BÜRGERMEISTER & Co
Demokratie vor Ort – Bestell-Nr. 12 070
KOHL VERLAG

18 Geht´s hier zum Amt für Verkehr?

Aufgabe 1: Individuelle Lösungen, z.B.:
Zebrastreifen, Ampel, Parkplätze für Eltern und Lehrer, Fahrradweg, verkehrsberuhigter Bereich, Zone 30 rund um die Schule ...

19 Was ist ein Stadtarchiv?

Aufgabe 1: Im **Stadtarchiv** werden alle Unterlagen, die für die Geschichte der Stadt von Bedeutung sind, gesammelt. In den Ordnern und Akten befindet sich ein echtes Stück Geschichte. Hier liegen Urkunden, Verträge, Schriftstücke, Zeitungen, Fotos und andere Sammlungsstücke aus vergangenen Zeiten. Aufgabe eines Stadtarchivs ist die Bewahrung von alten Dokumenten, aber auch von Akten, die in der Stadtverwaltung nicht mehr ständig gebraucht werden. Dabei kann es sich z.B. um Urkunden, Schriftstücke, Karten oder Pläne handeln. Nicht alles, was es gibt, muss für die Nachwelt aufgehoben und erhalten bleiben. Deshalb muss ein **Archivar** auswählen, ob es Dokumente sind, die für künftige Generationen interessant sein könnten.

Aufgabe 2:

X	Die Urkunde über die Gründung der Stadt.
	Eine Rechnung über den Einkauf von Bleistiften und Radiergummis.
	Die Tankrechnung für einen der Dienstwagen.
X	Die Schenkungsurkunde für Bilder für das städtische Museum.
X	Fotos vom zerstörten Rathaus nach dem 2. Weltkrieg.
X	Fotos von den bisherigen Bürgermeistern der Stadt.
	Fotos von den prächtig blühenden Blumenbeeten vor dem Rathaus.
X	Ein Brief von der englischen Königin an den Bürgermeister der Stadt.
	Der Vertrag über die Aufstellung eines Imbissstandes am Bahnhof.

Aufgabe 3: Individuelle Lösung

20 Was ist eine Bürgerberatungsstelle?

Aufgabe 1: Ich beantrage auf dem Rathaus bzw. beim Bürgerservice einen neuen Ausweis. Je nach Land brauche ich einen Reisepass. In der Europäischen Union (EU) reicht auch der Personalausweis als Pass. Neben einem biometrischen Passbild (Foto) werden auch deine Fingerabdrücke gespeichert. Wie lange dein Pass gültig ist, hängt von deinem Alter ab. Bist du unter 24 Jahren, ist der Reisepass 6 Jahre gültig, bist du über 24 Jahre sogar 10 Jahre.

Aufgabe 2: bürgerlich – bürgernah – Bürgerstand – Bürgermeister – Bürgerbewegung – Bürgertum – Bürgerkrieg – Bürgerwiese – Bürgerkomitee – Bürgerlichkeit – Bürgersaal – Bürgerkunde – Bürgerverein – Bürgertelefon – Bürgerrechtler – Bürgerhaus – Bürgerrecht – Bürgerschaft – Bürgerschreck – Bürgerentscheid – Bürgerwehr – Bürgersteig – Bürgerbeirat – Bürgerpflicht – Bürgerversammlung

Aufgabe 3: Individuelle Lösung

21 Wozu braucht die Stadt oder Gemeinde ein Bauamt?

Aufgabe 1: Traumhaus – Baubeginn – Flächen – Zukunft – Hochhaus – Bauamt – Stadtteilen – Denkmalschutz – Reparatur – Gemisch – Bürger – Tag

Aufgabe 2: Individuelle Lösung

22 Was ist ein Bauhof?

Aufgabe 1:

X	Pflege und Unterhaltung der öffentlichen Grünflächen
X	Pflege der Sportanlagen
X	Unterhaltung von Bürgersteigen
X	Kontrolle und Unterhaltung von Kinderspielplätzen
	Kuchen backen fürs Schützenfest
	Fenster putzen im Rathaus
X	Winterdienst der Straßen, Geh- und Radwege und Plätze
X	Mähen und Schneiden von Straßen- und Wegegrün
X	Erneuerung und Instandsetzung von Beschilderungen
	Papierkorb des Bürgermeisters entleeren
X	Reparaturen in den Gebäuden und Einrichtungen
X	Unterhaltung von Ruhebänken und Papierkörben
X	Straßenunterhaltung innerorts und auf den Wirtschaftswegen

23 Was ist ein Amt für Umwelt und Energie?

Aufgabe 1: Zustand – Grünflächen – Fische – Umweltamt – Umweltverträglichkeit – Wasser – Wasserversorgung – Stadt – Wasserkreislauf – Abwasser – Kraftwerke – Klima

24 Welche Aufgaben hat das Jugendamt?

Aufgabe 1: a) = 3) b) = 2) c) = 1)

Lernwerkstatt BÜRGERMEISTER & Co
Demokratie vor Ort - Bestell-Nr. 12 070
KOHL VERLAG Lernen mit Erfolg

25 Was ist ein Kulturamt?

Aufgabe 1:

a) Kultur bezeichnet die geistige Bildung oder Lebensart.
b) Hierfür ist das Kulturamt zuständig.
c) Es werden Veranstaltungen zur Grundversorgung sowie ergänzende Angebote organisiert.
d) Museen, Zoo oder Stadtbibliothek sind Beispiele für die kulturelle Grundversorgung.
e) Musikfestivals oder Lesungen sind ergänzende Kulturangebote.
f) Die Mitarbeiter brauchen viele und vor allem kreative Ideen.
g) Sie müssen ihre Ideen und deren Finanzierung unter einen Hut bekommen.
h) Oft unterstützen Sponsoren durch Eigenwerbung die Kulturveranstaltungen.

26 Was macht ein Einwohnermeldeamt?

Aufgabe 1: Wohnort – neuen – Gemeinde – Monate – Erbschaft – Ausweise – Amt – Hunden

Aufgabe 2:

A	usweis	N	amensänderung
B	eglaubigungen	O	hne Meldung kein Umzug
C	heck beim Einwohnermeldeamt	P	ersonalausweis
D	eutschland	Q	uallen brauchen keinen Ausweis
E	rbschaft	R	eisepass
F	inden von Bürgern	S	taat
G	emeinde	T	
H	unde	U	mmeldung
I	n Datei eintragen	V	orschriften
J	eder	W	ohnort
K	inderausweis	X	
L		Y	
M	onate	Z	eit

Aufgabe 3:

a) In Deutschland gilt eine Meldepflicht, für die es das Meldegesetz gibt. Zieht man innerhalb einer Stadt oder Gemeinde um, muss man sich beim Einwohnermeldeamt nur ummelden. Für die Ab-, An- und Ummeldung hat man drei Monate Zeit. Und wer sich nicht daran hält, muss ein Bußgeld bezahlen.

b) Die Meldepflicht ist wichtig, damit der Staat jeden Bürger finden kann, z.B. bei einer Erbschaft oder einer kriminellen Handlung.

28 Was macht das Schulverwaltungsamt?

Aufgabe 1:

X	Räume für alle Schüler des Ortes schaffen.
X	Schulbücher für alle Schüler bestellen und bezahlen.
X	Reparaturen an Schulgebäuden vornehmen.
	Allen Schülern die Rucksäcke tragen.
X	Für die Sauberkeit in den Schulen sorgen.
X	Streit unter Schülern schlichten.
X	Neubau, Umbau, Erweiterung von Schulgebäuden.
X	Alle Schulen je nach Anzahl der Schüler mit Geld versorgen.
X	Anordnung von Feueralarmproben.
X	Für Möbel und technische Geräte in der Schulen sorgen.
X	Organisation von Schulbussen.
	Den Kaffee für die Lehrer kochen.
X	Für Sicherheit durch Zebrastreifen und Schülerlotsen vor den Schulen sorgen.
	Die Autos der Lehrer waschen.

Lernwerkstatt BÜRGERMEISTER & Co
Demokratie vor Ort – Bestell-Nr. 12 070

29 Gibt es eine KiTa-Abteilung?

Aufgabe 1:

a) Kita bedeutet Kindertagesstätte oder Kindertageseinrichtung.
b) Kinder, die den ganzen Tag versorgt werden müssen.
c) Sie gehört zum Jugendamt.
d) Erzieher oder Erzieherinnen müssen gewissenhaft ausgewählt werden.
e) Sie müssen gute Zeugnisse vorweisen.
f) Der Tag beginnt morgens um 9.00 Uhr.
g) Zuerst wird ein Morgenkreis gebildet.
h) In der KiTa gibt es zumeist eine Turnhalle, ein Bastelzimmer oder Außenbereich.

30 Was ist eine Gemeinde?

Aufgabe 1: Kommune – Vororte – weniger – Wort – Gemeinden – Regeln – Kosten – sparen

Aufgabe 2:

a) Mannheim ist eine Stadt, in der eine Universität sitzt.
b) Boltenhagen ist eine Gemeinde, die zum Landkreis Nordwestmecklenburg gehört.
c) Witzwort gehört zum Kreis Nordfriesland.
d) Meseberg gehört zur Stadt Gransee, die wiederum zum Landkreis Oberhavel gehört.

31 Gibt es eine Gemeinde innerhalb einer Gemeinde?

Aufgabe 1:

a) Es gibt auch die sogenannte Kirchengemeinde.
b) Der Pastor oder Pfarrer leitet die Kirchengemeinde.
c) Zu den Aufgaben gehört: Gottesdienst abhalten, Kinder taufen, Hochzeiten
d) Sie übernehmen den Religionsunterricht.
e) Sie treffen sich im Gemeindehaus.
f) Hier ist auch das Büro der Verwaltung.
g) Hier werden Lesungen abgehalten und Feste gefeiert.
h) Er wohnt im Pfarrhaus, um dicht bei der Gemeinde zu sein.
i) Regeln erleichtern das Zusammenleben.
j) Diese Vorschrift nennt man das Kirchenrecht.

32 Was ist eine Eingemeindung?

Aufgabe 1:

X	Schulen werden zusammengelegt und die Schüler müssen mit dem Bus fahren.
X	Es gab nur noch ein Rathaus in der Stadt und damit lange Wege für die Leute.
X	Die Bürgermeister der Gemeinden waren überflüssig.
X	Die Leute mussten ihre Visitenkarten ändern lassen, was Geld kostet.
X	Die Gemeinden verloren ihre Eigenständigkeit und waren von der Stadt abhängig.
X	Die Menschen bekamen neue Autokennzeichen.
	In den Gemeinden gab es kein Eis mehr.
X	Straßennamen waren jetzt doppelt vorhanden und mussten geändert werden.
	Keiner wollte mehr in seiner Gemeinde leben.

33 Was macht ein Ortsvorsteher?

Aufgabe 2: a) seine Ortschaft; b) Stadt- oder Gemeinderat; c) kein Gehalt;
d) Termine absprechen. Vereine fördern